THE MIDDLE AGES
중세 Ⅱ

중세 II

초판 1쇄 발행 2021년 4월 23일

글 파니 마들린 / **그림** 다니엘 카사나브 / **옮김** 김수영

펴낸이 조기흠
편집이사 이홍 / **책임편집** 박종훈 / **기획편집** 송병규
마케팅 정재훈, 박태규, 김선영, 홍태형, 배태욱 / **디자인** 책과이음 / **제작** 박성우, 김정우
펴낸곳 한빛비즈(주) / **주소** 서울시 서대문구 연희로2길 62 4층
전화 02-325-5506 / **팩스** 02-326-1566
등록 2008년 1월 14일 제 25100-2017-000062호
ISBN 979-11-5784-502-6 03900

이 책에 대한 의견이나 오탈자 및 잘못된 내용에 대한 수정 정보는 한빛비즈의 홈페이지나
이메일(hanbitbiz@hanbit.co.kr)로 알려주십시오. 잘못된 책은 구입하신 서점에서 교환해드립니다.
책값은 뒤표지에 표시되어 있습니다.

- hanbitbiz.com facebook.com/hanbitbiz post.naver.com/hanbit_biz
- youtube.com/한빛비즈 instagram.com/hanbitbiz

Croisades et cathedrales : D'Alienor a Saint Louis by Daniel Casanave and Fanny Madeline
ⓒ Editions La Decouverte, Paris, 2019.
All rights reserved.
Korean Translation Copyright ⓒ Hanbit Biz, Inc., 2021.
This Korean Edition is published by arrangement with Editions La Decouverte, France through Milkwood Agency, Korea.
이 책의 한국어판 저작권은 밀크우드 에이전시를 통한 저작권자와의 독점계약으로 한빛비즈(주)에 있습니다.
저작권법에 의해 보호를 받는 저작물이므로 무단 복제 및 무단 전재를 금합니다.

지금 하지 않으면 할 수 없는 일이 있습니다.
책으로 펴내고 싶은 아이디어나 원고를 메일(hanbitbiz@hanbit.co.kr)로 보내주세요.
한빛비즈는 여러분의 소중한 경험과 지식을 기다리고 있습니다.

만화로 배우는 서양사

THE MIDDLE AGES
중세 Ⅱ

파니 마들린 글 | 다니엘 카사나브 그림 | 김수영 옮김

한빛비즈
Hanbit Biz, Inc.

* 공작과 후작 등 군주가 아닌 공이 통치하는 나라

엘레오노르가 1152년 프랑스 왕 루이 7세와 이혼하고 곧바로 헨리 플랜태저넷과 결혼하자 아키텐 공국은 오랫동안 잉글랜드 왕국의 영향을 받았어요. 당시 헨리 플랜태저넷은 스코틀랜드에서 피레네 산에 이르는 광대한 제국을 지배했죠.

엘레오노르는 딸 다섯과 아들 다섯을 낳았는데, 그중 두 아들이 영국의 왕인 '사자심왕' 리처드 1세와 '실지왕' 존이에요.

* 프랑스의 대표적 신화로, 반인반수의 생물체이다.

* 영국, 신성 로마 제국, 플랑드르 연합군

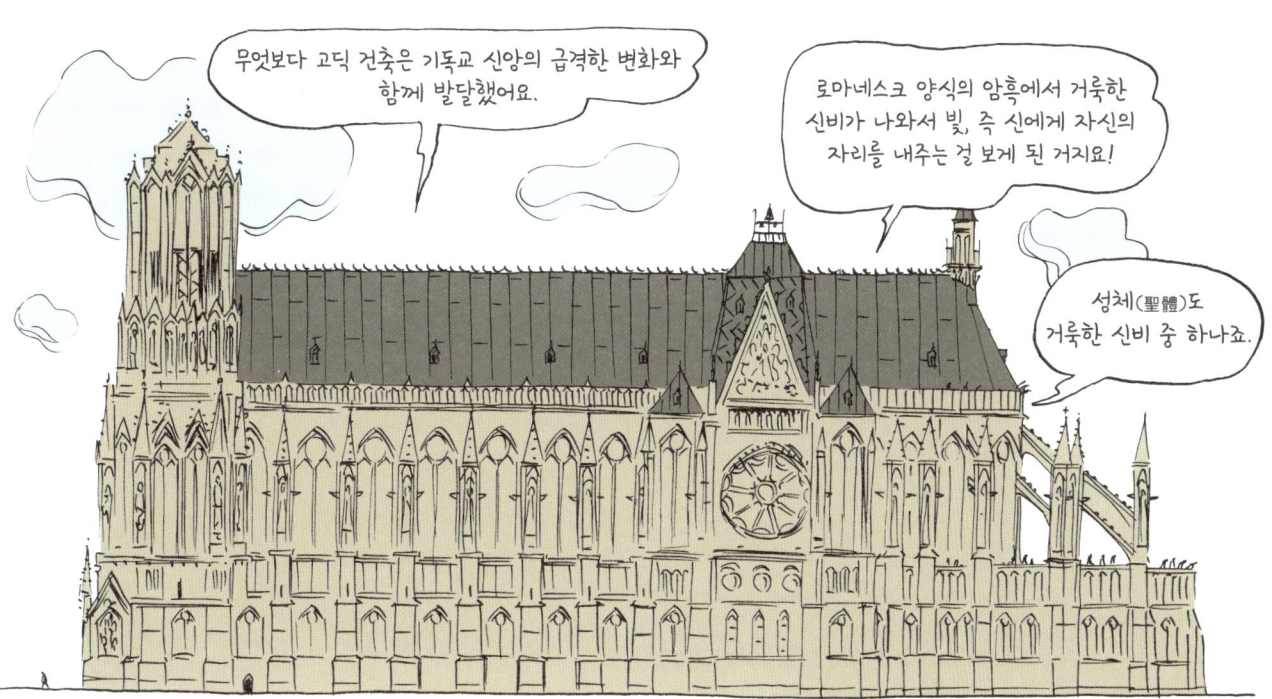

보세요, 이 성모 대관식을 통해 왕의 시대가 열리고 왕의 위상은 다시 높아졌지요!

프랑스적 탁월함의 영광을 고트족에게 돌리다니요! 이탈리아밖에 모르는 르네상스인들이 우리한테 잘못했네요!

왜 '프랑스적'이죠? 고딕 양식은 유럽 곳곳에 있잖아요. 안 그래요?

그렇긴 해요. 하지만 중세에는 고딕 양식이라는 말이 없었어요. 그냥 '프랑스 작품'이라고 했지요. 카페 왕조의 예술품이라는 거죠. 루이 9세의 명으로 1241년부터 1248년까지 지어진 생트샤펠 대성당이 대표작이죠.

조금 성급한 것 같은데요. 프랑스적인 모든 것이 반드시 카페 왕조와 관련된 건 아니잖아요!

그 말이 맞아... 고딕 양식은 프랑스 북부 도시에 살던 성직자들과 상인들의 예술이지!

* 수도원 안에서만 지내지 않고 일정한 규칙에 따라 공동체에서 생활하는 성직자

* 곡물 수확의 1/25에서 1/6에 해당한다.

내일은 주일이에요. 주임사제가 바뀐 뒤부터 미사를 빠지는 건 상상도 할 수 없어요. 주임사제는 대성당 학교를 갓 졸업하고 여기에 다시 왔지요.

로마에 있는 교황은 우리가 최고의 기독교인이 되길 바라는 것 같아요.

한번은 주교가 주임사제를 감독하고 새로운 규율을 잘 적용하고 있는지 보러 교구 순회까지 왔어요.

그런데 새로운 규율이란 게 뭐지요?

말도 마세요, 고해성사를 봐야 해요! 주임사제는 '고백하라, 죄를 고백하라'라는 말을 입에 달고 살아요!

하지만 그건 부활절 영성체 전에 영혼을 정화하기 위한 거예요! 이렇게 말하기는 뭐하지만, 당신은 욕도 하고… 주사위 놀이도 했잖아요! 그냥 주기도문만 몇 번 외우면 구원을 얻는다고요!

1215년부터 적어도 1년에 한 번 비밀 개인고해를 하는 게 의무가 된 건 사실이죠.

얼른 가서 자요! 내일 미사 전에 사제가 이웃의 결혼식과 내 대자의 세례식을 집전할 거예요. 내일 컨디션이 좋으면 좋겠어요.

두 분은 올라가세요. 위에 짚자리가 있어요.

35

* 일반적으로 남자의 경우 대부 두 명과 대모 한 명을 세운다.

어머나, 저 돼지가 미쳤나 봐요! 계속 저러면 심판을 받을 거예요!

실제로 13세기에는 가축을 상대로 소송을 걸기도 했어요.

형이 되는 선고를 받았겠네요!

꼭 그랬던 건 아니에요. 파문이나 금고형이 선고될 수도 있었지요. 어쨌든 재판의 목적은 인간과 마찬가지로 신의 피조물로 간주되는 생명체를 죽이는 행위를 정당화하려는 것이었어요.

중세 말이 되어서야 인간과 '동물' 사이에 본성의 차이가 있다고 인식했고, 이 차이에서 이성에서 벗어나는 인간의 행위를 가리키는 '짐승 같은 짓'이라는 말이 생겨났어요.

* 수도사를 위해 일하는 평신도

* 농노는 영주의 허가를 따로 받지 않는 한 영주의 다른 농노와만 결혼할 수 있었다.

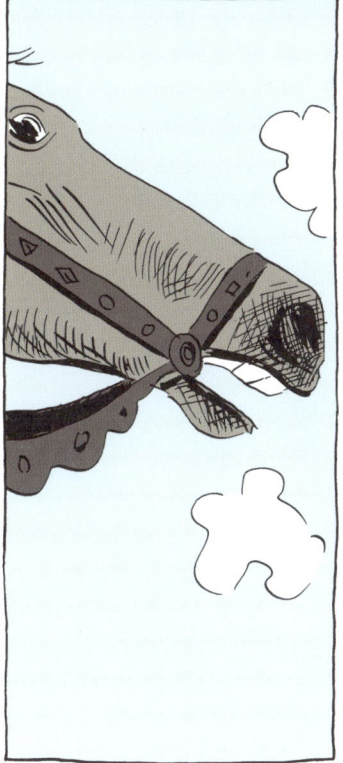

지금 우리한테 필요한 물건이 하나도 없네요. 최소한 순례자의 지팡이와 배낭, 순례자임을 확인해줄 증명서는 있어야 할 텐데요.

샤티옹쉬르센이에요! 저기에서 하룻밤 자면서 필요한 걸 찾아봐요.

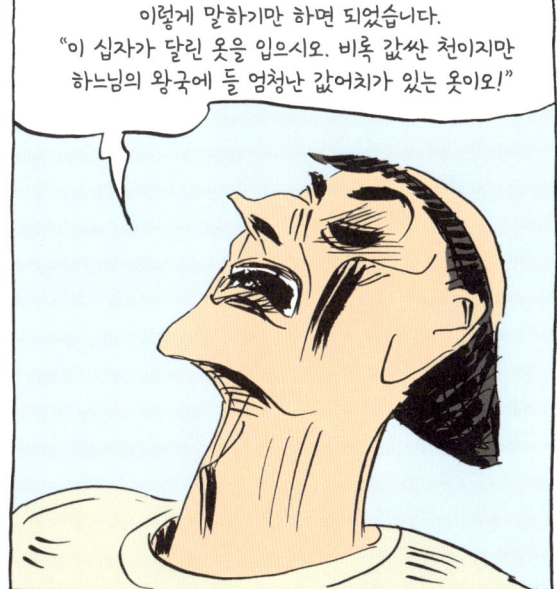

* 제1차 십자군 원정으로 세워진 최초의 십자군 국가

* 죽어가는 자에게 마지막 주어지는 축성된 성체

에그모르트는 루이 9세가 1248년과 1270년 두 차례의 십자군 원정을 떠나기 위해 배를 타려고 만든 도시다.

들어보세요, 우아한 부인, 나리 그리고 도련님, 아가씨들. 알비 십자군의 노래를 들어보세요.

영주들이여, 당신들은 이교도가 알비 전체를 지배할 정도로 너무나도 강력하게 퍼졌다고 들었습니다.

로마 교황과 다른 성직자들은 이러한 광기가 퍼지고 나날이 커지는 것을 보고 이 길 잃은 자들을 다시 교회로 데리고 오도록 각 수도원의 설교자들을 파견했어요. 하지만 소용없었지요.

1208년, 교황의 특사 피에르 드 카스텔노는 국가를 망치고 있는 이교도를 지지했다는 구실로 툴루즈 백작을 파면했다. 백작의 시종이 영주의 원한을 갚으려 카스텔노를 살해했다.

소식을 들은 교황은 몽펠리에부터 보르도에 이르기까지, 복종하지 않는 모든 자들을 죽이라고 명령했다.

이렇게 해서 알비파를 토벌하기 위한 십자군이 결성된다.

교황의 호출로 다시 십자군 원정이 시작되었다. 오베르뉴, 프랑스, 리무쟁뿐 아니라 독일, 가스코뉴, 롬바르디아 지방 등 전 세계에서 기병 2만 명, 평민과 농민 20여 만 명이 모여들었다.

이들이 모인 것은 구원을 보증해주는 면죄부를 얻기 위해서였다. 툴루즈 백작 레몽 6세는 자신의 잘못을 인정하고 용서를 빈 뒤, 십자군을 툴루즈에서 떼어놓을 심산으로 십자군에 가담했다. 그러자 십자군은 이교도를 지원했다는 명목으로 베지에와 카르카손의 자작 레몽 로제 트랑카벨을 공격했다.

1209년, 베지에의 주민들이 학살당했다.

모두 목을 베어버렸네. 대성당에 숨어 있는 자들까지. 사라센 이후 이 같은 대량학살을 결정한 적도, 실시한 적도 없었으니, 부디 신께서 그들의 영혼을 받아들이시기를.

모두 죽여라, 주님께서는 누가 당신 백성인지 아신다!

아르노 아모리

잠깐만요! 그 사람이 정말 그런 말을 했나요?

물론이죠. 아모리가 그렇게 말했어요. 내 책 《기적의 대화》에도 그렇게 썼고.

하이스터바흐의 케사리우스

이보세요, 케사리우스. 그 책은 당신이 1220년대에 독일어로 쓴 거잖아요. 어떻게 그렇게 확신할 수 있지요?

감히 거룩한 말씀을 의심하는 거요?

이단이구먼!

그 말이 엄청난 논쟁을 불러일으키고 가톨릭교회를 공격하는 무기로 쓰이게 된 거 아세요?

아, 정말요?

대량학살은 주변 주민을 공포에 떨게 만들어 항복시키려고 미리 계획한 거라고 하던데요.

오!

당신이 '이단자'라고 부르는 사람들은 어떻게 생각해요?

우리가 그들 의견을 물었을 것 같아요? 이단에 맞선 싸움이 내거는 것은 진리의 독점이에요.

그럼 당신이 그들을 과장해서 악마로 만들어버린 거네요.

82

* 세례자 요한의 물 세례식과 대비되는 알비파(카타리파)의 세례식

1244년 3월 6일 몽세귀르, 피에르 로제 드 미르포아 영주와 로제 페레유 영주의 보호 아래 이교도들을 수용하고 있던 요새는 몇 달 전부터 카르카손의 지방판관 위그 다르시, 나르본과 알비 교황의 군사들에게 포위당했다. 요새는 함락됐고 그곳 이교도들은 종교재판을 받고 개종한다는 조건 아래 사면을 받았다. 215명이 이를 거부하고 화형당했다.

빌롱그에 있는 시토 수도원

이제는 단순 고발이 아니라 조사에서 얻은 정보를 토대로 왕의 판결이 내려지죠.

더 효율적으로 진실을 찾을 수 있겠는데요!

물론이에요. 증언과 자백을 할 때도 진실서약을 해야만 하죠.

그런데 조사가 사법 영역에만 한정되지는 않아요. 조사를 통해 그 사람의 재산 상태와 봉신에 대한 징수 권한도 알 수 있지요.

이 조사가 왕실 관원들을 더 잘 통제할 수 있는 도구였던 거죠. 그게 바로 그 유명한 루이 9세의 목적 아니었나요?

우리의 경건한 성왕이 정확한 판결을 내리시겠네요!

네, 네. 신화에서 말하는 것처럼 떡갈나무 발치에 앉아서요.

* 책의 형태로 묶인 양피지 필사본 ** 대문자로 한 자 한 자 띄어 쓰는 문체

* 중세 우화에서 여우는 지혜의 상징인 동시에 풍자시인으로서 늑대(귀족)와 사자(왕족)를 풍자하고 성직자를 놀리기도 한다(옮긴이).

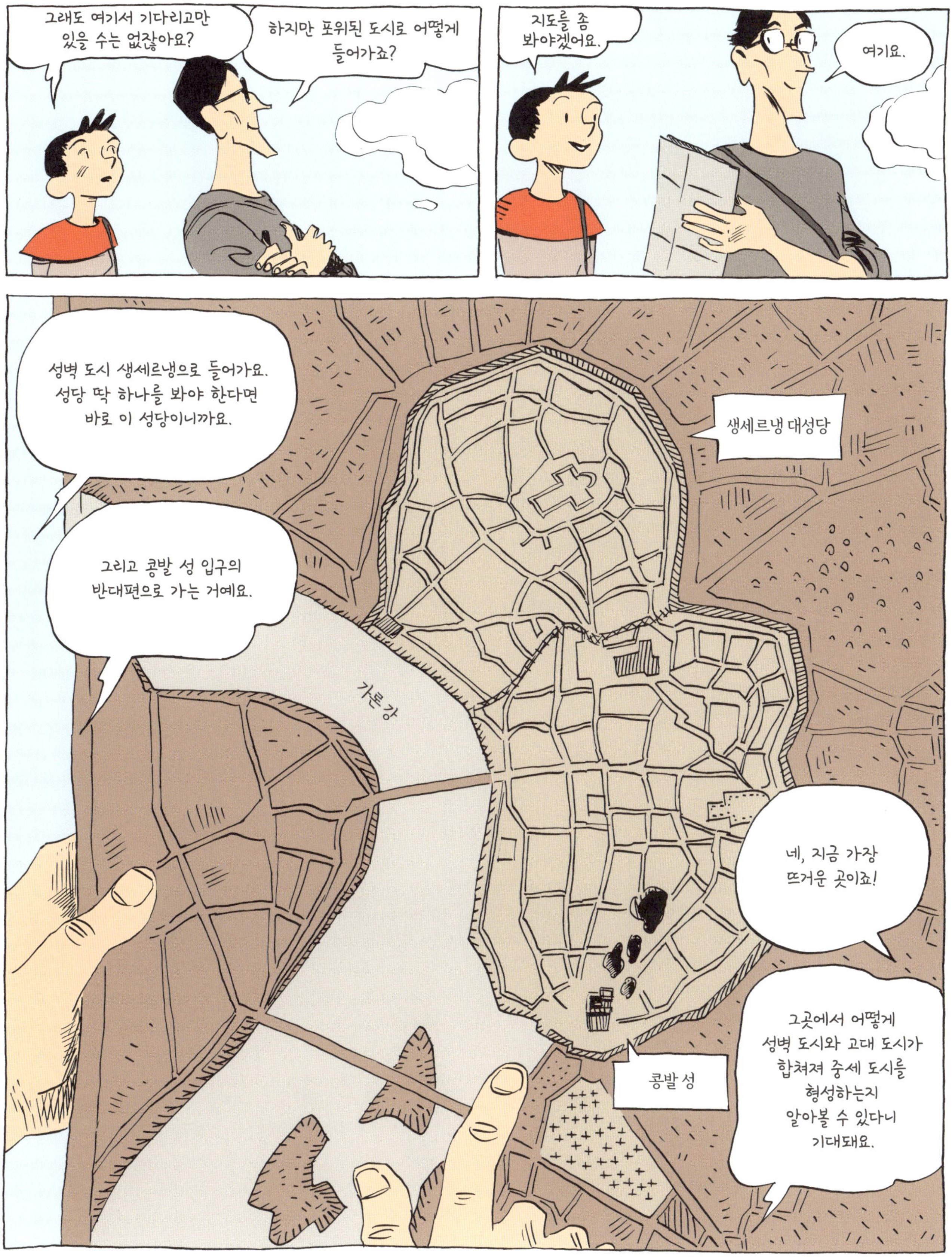

1229년 파리 조약이 체결되면서 툴루즈인들의 혁명이 막을 내렸다.
이 조약으로 레몽 7세의 딸 잔느 드 툴루즈와
루이 9세의 동생 알폰소 드 푸아티에가 결혼하면서
백작령이 카페 왕조의 영역으로 완전히 병합되었다.

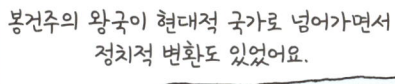

슈퍼스타 중세

오늘날 중세가 TV 시리즈와 게임의 배경이 되는 등 어느 때보다 인기가 높다.
이 오래된 시대가 이토록 우리의 상상력을 자극하는 이유는 무엇일까?
우리는 이 시대가 정말 어떠했는지 제대로 알고 있는 걸까? 아니면 단지 우리의 현대적
판타지를 투영하는 것뿐일까? 이에 대한 답을 찾으려면 중세를 학술적이나
유희적으로 활용하는 방식, 혹은 각 시대가 재현해낸 중세의 여러 모습을 가리키는
'중세주의(medievalism)'라는 단어에 대해 생각해봐야 한다.

슈퍼스타 중세

THE MIDDLE AGES II

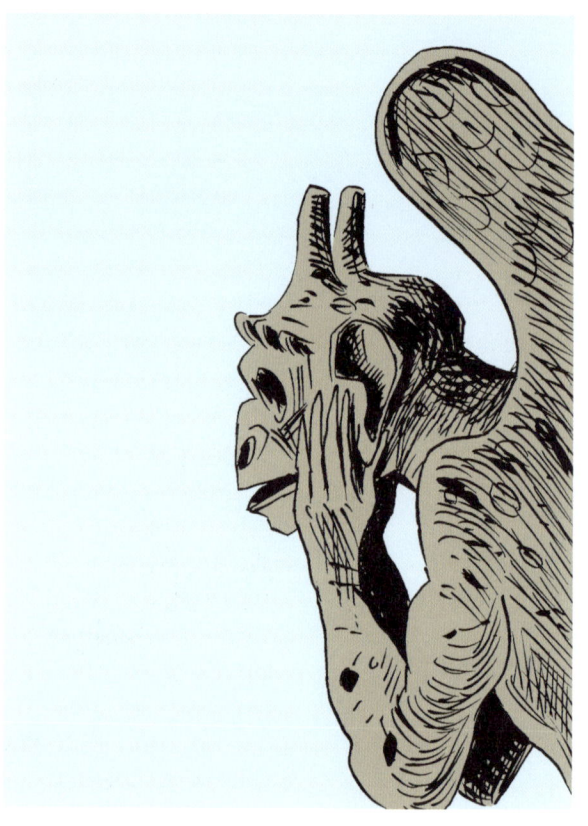

중세를 보는 방식은 두 가지로 구분할 수 있다. 하나는 우리가 중세에 대해 갖고 있는 지식을 통해 보는 방식이며 다른 하나는 사람들이 중세를 재현한 방식을 통해 보는 방식이다. 이러한 구분은 매우 중요하다. 중세의 대중적 재현 대부분이 사실은 신화와 기억을 뒤섞으면서 단순화하고 전형화한 허구 세계의 재구성이기 때문이다. 중세에 대한 현대의 관심을 가리키는 '중세주의'는 과학적일 수도 있기는 하다. 하지만 기억에 의존하고, 상징적이며, 나아가 단순히 유희적일 때가 많다.

대부분의 경우 중세주의는 역사학자들의 몫이 아니다. 중세주의는 문학에서 TV 시리즈까지 다양한 문화적 대상에 침투한 오래된 대중적 관행이다. 이 경우는 단순한 참조가 아닌 재발명에 가깝다. 다분히 판타지가 가미된 참조로, 역사와는 관련이 없고 오히려 우리의 상상계에 형태를 부여하는 신화라고 할 수 있다. 중세 역사와 달리, 즉 기원후 4세기부터 15세기에 걸친 1천 년을 전문으로 연구하는 역사학자(중세학자라고 부른다)들의 학문과 달리 중세주의는 한 시대의 역사적 사실을 알려주기보다는 그 '정신'을 복원하려고 애쓴다. 중세보다는 '중세풍'의 상상계를 동원하면서 무엇보다도 그것을 생산하는 자들의 이상과 염려를 반영한다. 이러한 관점에서 바라본 중세의 이점은 그 시기가 너무나 방대한 영역에 걸쳐 있기에 누구나 좋아할 수 있다는 데 있다.

《아이반호》부터 〈왕좌의 게임〉까지

중세는 19세기부터 음유시인과 낭만주의, 문학을 통해 대중문화로 들어왔다. 1819년 출판된 월터 스콧의 《아이반호》는 중세를 배경으로 삼은 첫 역사소설이다. 이 소설로 인해 중세가 잃어버린 낙원으로, 특히 예술이 되찾아 부활시켜야 하는 대상으로 대접받기 시작했다. 이로 인해 18세기부터 폐허로 남아 있던 기념물도 재건되기 시작했다. 영국에서는 존 러스킨John Ruskin의 영향을 받아 일어난 예술 수공예 운동이 결정적 역할을 했다. 당시 프랑스에서 건축가 외젠 비올레 르 뒥Eugène Viollet-Le-Duc이 복원한 기념물을 보면 19세기 사회가 중세를 비이성적이고 시적이며 비현실적인 세계로 보았다는 사실을 알 수 있다. 파리 노트르담 성당의 지붕 위에 설치한 석루조가 좋은 예다. 바로 이 신고딕, 즉 19세기 중세주의는 우리가 중세 건축을 인식하는 방식을 정형화했다.

한편 순결의 상징으로 장식 없는 석재를 쓴 하얗고 정제된 대성당은 13세기 취향과는 전혀 맞아떨어지지 않는다. 외벽과 건물 내부에 나타난 다색배합의 흔적을 보면 13세기가 오히려 스테인드글라스처럼 아롱이는 색채의 시기였음을 알 수 있다. 이러한 발견으로 인해 몇 년 전부터 중세를 표현하는 방식이 변하기 시작했다. 관광업에도 이러한 변화의 영향이 미쳤고, 우리는 성당 외벽에 소리와 빛을 쏘아 형형색색으로 눈부신 성당 외벽을 복원할 수 있게 되었다.

1960년대부터 새로운 문화 매체가 차례대로 중세주의를 부활시키면서 중세주의는 더욱 강력하게 되살아났다. 〈몬티 파이튼의 성배〉부터 월트 디즈니의 애니메이션(〈백설 공주〉와 〈로빈 후드〉, 〈아서왕의 검〉)에 이어 청소년 문학(《해리 포터》 시리즈와 유사 문학), 테마파크(퓌 뒤 푸), 〈왕좌의 게임〉에 이르기까지 중세는 진정한 금광이 되었다.

중세 향수병

역사학자들은 문화 산업과 연예기획사가 오락을 목적으로 옛 시대를 활용하는 데 별다른 의견을 내놓지 않고 있다. 그런데 중세를 활용하는 것이 전혀 무해하다고 볼 수는 없다. 때때로 반동적 정치 담론이 향수를 불러일으키는 원천으로 중세를 내세우기 때문이다. 편협한 정체성이나 사회적 발전에 오명을 씌우는 모델을 찬양하기 위해 중세에서 현대사회의 '뿌리'를 찾는 것이다. 조제프 모르젤Joseph Morsel은 이와 같은 방식으로 자폐를 정당화하는 병리적 측면을 '중세 향수병'이라고 부른다. 모르젤은 중세 향수병이 합리주의의 위험천만한 쇠퇴와 민주주의 위기를 나타내는 징조라고 주장한다.

중세에 대한 기억을 정치적으로 이용할 때 특별히 왜곡된 수단이 사용될 수 있다. 이 만화의 두 주인공이 랭스 대성당에 있을 때, 한 명이 마르크 블로크Marc Bloch를 인용한다. 제2차 세계대전 중 레지스탕스로 활동하다 1944년 게슈타포에 의해 처형당한 유대인 중세학자 블로크는 《기이한 실패》에서 다음과 같이 썼다. "프랑스의 역사를 절대로 이해하지 못할 두 부류의 프랑스인이 있다. 한 부류는 랭스의 대관식에 감동하지 않으려 드는 사람들이고, 다른 부류는 대혁명 1주년 기념 축제 이야기를 덤덤하게 읽는 사람들이다." 이 문장은 일부만 인용되어 블로크가 의도한 것과는 정반대로 해석되는 경우가 빈번하다. 대혁명의 유산을 은폐하면서 랭스 대관식에 대한 기억이 제공하는 감정을 정당화하는 것은 프랑스의 기독교적 카페 왕조 '뿌리'에 대한 향수를 유지하기 위해 중세를 도구화하는 방식이다.

향수를 불러일으키는 또 다른 중세 활용법은 '십자군 원정'이라는 상상계를 도구화하는 것이다. 1990년과 2003년, 조지 H. W. 부시와 그의 아들 조지 W. 부시는 십자군 원정을 테마로, 그리고 사담 후세인을 거부감을 일으키는 인물 살라딘Saladin(이슬람 군주로 십자군 원정으로부터 예루살렘을 탈환했으며 뛰어난 정치력과 군사적 역량으로 십자군에게 칭송받음—옮긴이)과 동일시하면서 이라크에 대한 미국의 군사 공격이 있기 전 몇 달 동안 '서구 세계'를 동원하려고 애썼다. 좀 더 극단적이긴 하지만 마찬가지 방식으로 '무슬림 세계'를 주적으로 설정하는 다른 사례

> **1990년과 2003년, 이라크에 대한 미국의 군사 공격이 있기 전 몇 달 동안 십자군 원정이라는 테마가 동원되었다.**

를 들자면 '신템플기사단'을 자처하면서 2011년 노르웨이 청소년 캠프에서 테러를 자행한 아네르스 브레이비크가 있다.

모르젤은 이러한 중세의 도구화가 과학이 아닌 정체성의 요구에 부응하고 있기에 해롭다고 주장한다. 이 신화화된 '중세'는 과거 사실을 은폐한다. 문제는 중세에 대한 무관심이 아니라 그와 정반대로 중세를 희생양으로 만들어버리는 이데올로기적 일탈이다. 하지만 역설적이게도 학술적 연구가 중세에 대한 새로운 이미지를 제공하는 데 애를 먹고 있는 사이, 이 시대는 여전히 제대로 이해받지 못한 채 남아 있다. 일부 '중세'에 대한 기억 수요와 상업적 수요가 높은 가운데 '아무짝에도 쓸모없고' '옛것이 된 과거'를 연구하는 데 나랏돈을 낭비하고 있다고 욕을 먹는 인문과학과 사회과학에 대한 공격만 격해지고 있다.

포스트모던 유토피아

중세가 현대인들을 사로잡고 있는 이상 무엇이 그들과 중세의 남녀를 인류학적으로 연결 혹은 구분하는지 이해할 수 있도록 도와줘야 한다. 이러한 훈련을 통해 나온 중세학자들의 연구는 선행성과 타자성他者性이라는 두 가지 문제에 대해 생각해보게 만든다. 이전 사회와 지금의 사회를 확실하게 구분하게 만드는 것은 무엇일까?

중세라는 이 역사적 시대를 세계화된 자본주의로 꽉 막혀버린 현재를 넘어서서 앞으로 일어날 일을 고찰해볼 수 있는 독특한 실험실로 규정하는 중세 전문가들이 있다. 우리가 1980년대에 '역사의 종말'로 등장한 신자유주의가 지배하는 현재에서 살아갈 수밖에 없다는 생각과 반대로, 중세는 전前자본주의의 세계로서 포스트모던 유토피아가 어떠할지 숙고할 기회를 준다. 간혹 우리는 현재를 이해하고 미래를 예상할 수 있게 해주는 하나의 '경험'이 아닌, 그

> **중세의 '경험'을 되찾기 위해서는 중세를 야만적이고 무지몽매한 시대로 보는 부정적 시각에서 벗어나야 한다.**

저 세습 재산으로서 토속적 가치밖에 없는 지나간 시대로 중세를 간주한다. 이 사실은 우리가 '현안'에만 집착하고 있음을 상기시킨다. 역사학자 프랑수아 아르토그François Hartog와 제롬 바셰Jérôme Baschet는 이러한 '집착'을 각각 '현재주의'와 '현재의 폭정'이라고 부른다.

중세라는 '경험'을 되찾기 위해서는 중세를 야만적이고 무지몽매한 시대로 보는 부정적 시각에서 벗어나야 한다. 현대가 만들어낸 이러한 개념은 '중세'를 고의로 진보의 반대 명제로 만든다. '중세'라는 말 자체도 르네상스인들의 경멸적인 '중세주의'를 잘 보여준다. 페스트와 전쟁의 세기에서 빠져나와 고대의 이상을 추구하게 되어 너무 기뻤던 르네상스인들은 '고대적' 사회를 '근대적' 사회로 탈바꿈시키면서 천 년이라는 시간을 가로지른 중세라는 강력한 사회적 역동에 어떠한 정당성도 부여하지 않는 시간 감각을 물려준 것이다.

역사가들에게 중세의 명예를 회복시키거나 중세를 이상화하는 것은 중요하지 않다. 풍자와 흑백논리에서 벗어나는 게 중요하다. 자크 르 고프Jacques Le Goff는 중세가 "어두운 전설도, 핑크빛 전설도 아니다"라고 썼다. 제롬 바셰는 "중세는 서양사의 블랙홀도 아니고 실낙원도 아니다. 암흑으로 채워진 신화라는 생각도, 동화라는 생각도 버려야 한다"라고 했다.

흑색 전설인가 장밋빛 전설인가

기억으로 맺어진 우리와 중세의 관계에는 상반된 감정으로 양립하는 두 가지 태도가 드러난다. 전통의 상실에 대한 주관적 감정과 풍족하며 자연과 가까운 대안적 세계에 대한 낭만적 이상화 사이에서 망설이는 것이다. 다시 말하자면, '우파적'이나 '좌파적'이라고 규정하게 되는 시각이 있다. 하지만 이 둘은 '현재에 대한 거부'라는 동일한 초석에 기반을 두고 있다.

그렇게 우리 앞에 자주 등장하는 '중세'는 엄밀한 역사적 논리에서 벗어난다. '우리 세계'와 시공간적으로 극단적 차이점을 나타낸다는 의미에서 유토피아적 중세다. 현재의 활동에 영양분을 공급하기 위해 중세에 관한 지식을 사용하는 중세주의의 이러한 접근법은 역사의 참여적 활동과 관련을 맺고 있다. 또한 중세에 대한 지식을 생산하는 데 기여하는 모든 행위를 가리키는 '중세연구학'이 허구화, 왜곡, 전통의 고안과 상관없이 중세에 대한 상식뿐만 아니라 중세의 공적, 정치적 사용에 대해서도 스스로 질문을 던지지 않을 수 없다는 발상에 근거한다.

인류학자 질 바르톨레인Gil Bartholeyns은 중세의 '좋은' 혹은 '나쁜' 재현이라는 단세포적 대립을 극복하려면 과거에 대한 사회적 활용을 진지하고 심각하게 고려할 필요가 있다고 말한다. '판타지' 중세는 과거의 현대화나 판타지가 가미된 현대화가 아니라, 공유하고 구체화할 수 있는 중세의 참조사항 수집을 토대로 한 유희적 중개인이다. 예를 들어 영화 〈몬티 파이튼의 성배〉(1975)부터 〈비지터〉(1993)까지 중세주의가 자주 활용하는 웃음 포인트를 답습한 TV 시리즈 〈카멜롯의 전설〉(2005~2009)은 우리 시대를 비추는 신랄하고 해학적인 거울로 중세를 바라보게 한다. 유희적 중세주의를 판단 없이 진지하게 다룬다면 끊임없이 우리를 거짓 환영으로 이끄는 퇴보적인 중세주의에 맞서 싸울 수 있다. 또한 우리의 상상력을 메마르게 하는 진부한 표현과 때로는 불필요하게 한쪽으로 치우치는 태도에서 벗어나 믿을 수 없을 정도로 역동적이고 개방적이며 혁신적인 중세 사회를 조명하는 현대적 해석 방식을 제안할 수도 있을 것이다.

예루살렘을 향해

우리는 '십자군' 하면 십자가를 달고 육중하게 무장한 채
무슬림을 대량학살하는 건장한 기사를 떠올린다. '문명의 충돌'이라는 신화를
악용하려는 사람들이 동원하는 이러한 형상화는 극히 일부 사실만 포함할 뿐이다.
십자군은 분명 전쟁과 관련한 측면이 있지만 당시 격변을 겪고 있던 종교의 힘을 받아
더욱 확대된 성지순례라는 거대한 움직임에도 포함되기 때문이다.

종교적 맹신을 구현하는 가장 위험한 물리적 수단이었던 십자군은 오늘날 평판이 좋지 않다. 쥘 미슐레Jules Michelet부터 자크 르 고프까지 수많은 역사가가 십자군이 서양에 기여한 것이 도대체 무엇인지 자문했다. 쥘 미슐레는 십자군이 유럽에 나병을 퍼뜨렸다고 비난했고 르 고프는 십자군이 가져다준 것은 살구 이외에 아무것도 없다고 평가했다. 서구 교회 제국주의의 발현, 그리고 때로는 찬양받고 때로는 유럽 최초의 식민주의 사업으로 비난받는 십자군은 모호한 이미지를 퍼뜨린다. 십자군은 또한 상투적이고 진부한 생각을 과장하여 전달한다. 우리는 성전聖戰의 동의어인 십자군에, 예루살렘을 향해 출발하여 지나는 길에 있는 모든 것을 약탈하고 파괴하는 잔혹하고 광신적인 전사의 이미지를 결합한다.

'십자군' 정의하기

이러한 단순화된 묘사 이면에, 십자군을 어떻게 정의해야 할지에 대해서도 의문을 갖게 하는 복잡한 역사적 현상이 있다. '전통주의' 역사학자들은 이슬람교도로부터 예루살렘을 탈환한다는 십자군의 목표를 강조한다. 반면 '다원주의'로 불리는 역사학자들은 십자군의 목적보다는 십자군이 실시된 방식에 주목한다. 다시 말해 다원주의 역사학자들은 교황이 공개적으로 자금을 모으고, 군대를 조직하라고 명령하고(자율적으로 일어난 '십자군', 즉 1212년 '어린이 십

자군'이라고 불린 십자군과 1251년 '양치기 소년 십자군'을 빼면), 십자군 원정을 떠나는(혹은 '십자가를 드는') 공개서원을 한 뒤 옷 위에 십자가를 달면 면죄부(교황이 부여하는 죄의 사면)를 주는 조건이 갖춰지지 않았다면 십자군은 없었을 것이라고 말한다.

알랭 드뮈르제Alain Demurger는 이렇게 정의했다. "십자군은 교황권이 결정하고 모든 기독교도를 포함하는 계획이다. 십자군은 기독교 신자들에게 예루살렘을 되돌려주려고 성전과 속죄의 성지순례를 연계하고 결합했다. 서약을 하고 십자가를 진 자들에게 십자군은 죄의 사면이라는 가치가 있다. 십자군은 예루살렘을 직간접적으로 참조하는 것을 결코 잊어버리는 일 없이 성전의 영역까지 확장될 수 있는 관행과 체제를 만들어냈다."

역설적이게도 드뮈르제는 십자군을 이렇게 정의

하면서 중세인들조차 일관성과 통일성을 생각해내지 못한 하나의 현상에는 선을 그으려 했다. 그들의 경험은 그저 성지를 향한 '여행'의 경험, 성지순례 혹은 13세기에 지나치게 위험해진 육로 대신 뱃길을 통해야만 했을 때 바다 저편으로 가는 '통로'를 지나는 경험이었다.

11세기와 13세기 사이, 이러한 다양한 형태의 본격적인 이주 움직임이 일어났다. 수많은 기독교인이 작은 그룹 혹은 밀집한 군중의 형태로 성지로 향했다. 처음 도착한 사람들은 '십자가를 든 사람들'을 가리키는 'crucesignati'로 불렸다. 이들의 임무는 예수의 무덤과 팔레스타인의 성지를 지키는 것이었다. 12세기 말 예루살렘을 완전히 장악하자 이들의 임무는 장악한 영토, 즉 십자군 국가를 지키고 수호하는 것으로 바뀌었다. 14세기가 되어서야, 정확히 말해 동양으로 향하던 이민의 흐름이 잠잠해졌을 때가 되어서야 '십자군'이라는 말이 자리 잡았다.

특별한 성지순례

11세기 말 첫 십자군 소집을 알리는 나팔소리가 울려 퍼질 때, 교황들은 교회의 대대적 개혁을 강행하고 있었다. 이것이 바로 그레고리오 개혁이다. 교황권은 기독교 세계의 중앙 기관으로 인정받으려 애썼고 이를 위해 자신들의 병력을 확실하게 보여줄 필요가 있었다. 하지만 이는 전쟁이 성전으로 종교적 목적을 추구할 때만 가능했다. 이에 교황권은 십자군에서 그들의 신정정치 포부를 뒷받침할 수 있는 민병대를 찾게 된다.

십자군은 13세기부터 서양이 겪은 경제적 비상과 인구 팽창의 결과이기도 하다. 이와 관련해 역사학자 조르주 뒤비Georges Duby가 내놓은 해석이 오랫동안 힘을 얻어왔다. 뒤비에 따르면 십자군은 상속재산 분할이 불가능한 시대에 장자상속권 때문에 물려받은 재산이 없는 둘째들이 토지와 전리품을 찾아 나서는 일종의 배출구였다. 하지만 이 이론은 반박당했다. 이 여행은 비용이 너무 많이 들어서 가족들이 둘째를 떠나보내는 수단이 될 수 없었다는 것이다. 사실 자금 조달은 십자군 원정의 주요 사안 중 하나였고, 왕국 입장에서는 막대한 세금을 징수하는 계기가 되었다. 성직자세 외에 개인 소득과 헌금, 기부, 융자가 주요 수입원이었다. 이처럼 위험천만한 모험에 막대한 금액이 투입되었지만 대부분 적자였다.

또 다른 요인은 새로운 판로를 찾는 이탈리아 상인 공화국의 번영이었다.

마지막으로 기독교의 지배는 1099년 예루살렘 탈환을 유리하게 만든 정황 요인으로 설명할 수 있다. 1055년 바그다드의 아바스 왕조가 무너지고 1071년 만지케르트 전투에서 비잔틴 제국이 셀주크 튀르크에 패한 것이다.

십자군의 횟수도 논쟁 대상이다. 물론 모든 것이 우리가 십자군을 어떻게 정의하느냐에 따라 달라진다. 교황의 부름으로 모집된 십자군 원정만 계산해야 할까? 아니면 자발적으로 만들어진 민중 조직도 고려해야 할까? 전통적 역사는 첫 번째를 선택하여 1095년 교황의 첫 호출부터 1270년 루이 9세의 죽음까지 여덟 번의 주요 십자군이 있었다고 본다. 하지만 기사, 성직자, 농민이라는 신분을 떠나 남자와

> **자금 조달은 십자군 원정의 주요 사안 중 하나였다. 이 위험천만한 모험에 막대한 금액이 투입되었다.**

예루살렘을 향해

여자, 아이들 모두가 감행한 성지순례, 각각의 주요 십자군 사이에 거의 끊이지 않았던 동쪽으로의 이동은 무엇으로 규정해야 할까? 역사학자 장 플로리 Jean Flori는 성지의 방어와 통치, 인구 증가에 결정적 역할을 한 순례자들이 역사 전면에 드러날 수 있도록 십자군을 성지순례의 일반 역사에 다시 편입시켜야 한다고 주장한다.

실제로 많은 사람들에게 십자군은 성스러운 땅을 밟고 그리스도의 무덤에서 기도하고 요르단 강에 몸을 담가 죄를 씻을 뿐만 아니라 참된 신앙의 이름으로 이단을 처단해야 할 목적이 있는 성지순례였다. 십자군 병사는 왼쪽 어깨에 단 십자가(알비 십자군은 가슴에 달았다)를 제외하면 지팡이를 들고 배낭을 멘 여느 순례자와 똑같았다. 여정이 특히나 길고 고되어서 준비 과정이 무척이나 복잡했다. 십자군 병사는 통행료를 마련하기 위해 돈을 모아야 했는데 이 탓에 큰 빚을 지기도 했다. 돌아오지 못할 경우를 대비해 상속도 준비해야 했고 공증인을 통해 유서를 작성하는 경우도 빈번했다.

물론 12세기와 13세기에도 성지순례지는 적지 않았다. 하지만 십자군의 특징은 특별한 성지, 즉 비기독교인이 지배하는 지역에 있는 예루살렘이 목적지였다는 것이다. 이러한 목표는 십자군에 세상의 종말을 알리는 천년지복설(지상에 그리스도가 재림하여 올바른 인간을 부활시키고 그리스도가 지배하는 천년에 걸친 지복한 왕국이 나타나리라고 믿은 설—옮긴이) 예언이 생생하게 주장하는 신비주의적 측면을 부여했다. 지상의 예루살렘 해방은 천상의 예루살렘인 하느님 나라의 도래를 알리는 신호였다. 십자군 원정 그리고 적그리스도가 도착하기 전에 자기 자신을 정화하겠다는 욕망과 동시에 발생하여 '마지막 날'에 대한 믿음과 결합한 이러한 종말론적 영성은, 십자군 전쟁 동안 일어난 반유대주의와 유대인 학살 급증 현상을 잘 설명해준다.

템플기사단과 자선수도회

12세기 초, 성지를 순례하려는 사람들이 급증하면서 필요하면 무력을 써서라도 순례자를 통제하고 보호하는 것을 임무로 하는 템플기사단이 생겨났다. 예루살렘 왕국의 대주교 기욤 드 티레(티레의 윌리엄)는 기사단 설립에 관해 다음과 같이 이야기한다. "위그 드 파앵과 조프루아 드 생토메르, 두 기사를 따라 10여 명의 귀족이 그리스도를 섬기고 순례자를 보호하는 데 목숨을 바치면서 신께 헌신하기로 결심하고 예루살렘 성전 옆에 자리를 잡았다. 1120년, 교황은 종교적이면서도 군사적인 독특한 성격의 이 수도사-군인 기사단을 인정했다. 다른 모든 수도사와 마찬가지로 수도 서약을 하고 계율에 따랐지만 다른 수도사들과 달리 세속적으로 살았다."

템플기사단을 따라 가난한 순례자들에게 숙소와 거처를 제공하고 아프거나 상처 입었을 경우 돌봐주는 일을 맡은 공동체를 시작으로 자선수도회가 조직되었다. 오직 군사적 사명만 있는 기사단과 달리 자선수도회 수도사들은 순례자를 수용하고 돌보는 일을 맡았다. 13세기, 이들 수도사들은 동양에서는 제후들이 더 이상 유지할 수 없게 된 성채와 십자군의 성(팔레스타인의 요새), 진지 유지 업무를 넘겨받게 된다. 유럽에서는 새로운 기사뿐만 아니라 아프거나 부상한 기사, 나이 든 기사를 수용하는 기사관을 운영했다.

기사단과 자선수도회 수도사들은 십자군의 물자 보급에 중요한 역할을 했다고 할 수 있다. 이들은 동양과 서양 사이에 사람과 물자, 돈뿐만 아니라 사상이 순환하는 데 기여했다. 하지만 점차 증가하는 기사단의 정치적 영향력에는 어두운 면도 있었고, 훗날 십자군 실패에 책임이 있다는 비난을 받았다. 1312년 기사단이 해체된 이후, 기사단 신화가 시작되었다. 프리메이슨을 통해 기사단이 은밀하게 생존하고 있다는 믿음이 이러한 신화를 더욱 키웠다. 오늘날까지도 불가사의와 신비를 애호하는 수많은 종파가 기사단을 표방하고 있다.

경악한 서양

기사단에 대한 비판은 십자군 전반에 대한 비판과 정확하게 일치한다. 11세기부터 성직자와 기사, 음유시인은 십자군을 비판적으로 묘사하기 시작했다. 1099년 말까지 성지순례자가 십자군 국가로 지속적으로 유입되는 가운데 다른 비판도 일기 시작했다. 가장 악의에 찬 공격 대상은 십자군의 사상보다는 실행 방식이었다. 한쪽에서는 십자군의 오만함과 음탕함을 강조하는가 하면, 한쪽에서는 세금 징수원의 탐욕과 순례에서 돌아온 사람에게 막대한 상환금을 요구하는 대금업자의 인색함에 분노했다.

이러한 비판은 1145년 십자군 국가 중 하나인 에데사가 누르 알 딘 Nur-al-Din에게 탈환당했을 때처럼 '무슬림 적'들이 주도권을 다시 잡을 때 더욱 거세졌다. 이 탈환 사건은 엄청난 여파를 불러오고 교황은 급기야 다음 해에 제2차 십자군 원정을 시도한다. 교황은 유럽 전역에 십자군을 선전하기 위해 시토 수도회, 특히 베르나르 드 클레르보에게 도움을 받았다. 클레르보 수도원장은 베즐레에서 프랑스 왕국의 루이 7세와 엘레오노르 여왕을 설득했다. 원정이 왕과 왕비를 갈라놓기는 했지만 루이 7세의 태도와 신앙심은 카페 왕조에 일종의 기품을 더했고 왕조 전체가 이 덕을 보게 되었다.

> **1187년 살라딘은 십자군을 격파하고 예루살렘을 탈환했다. 교황은 즉시 군주들에게 제3차 십자군을 촉구했다.**

동양에 십자군을 보유하는 것은 교황청에 큰 부담이었다. 시간이 지나면서 할당 병력은 줄어들었고 아이유브 왕조의 창시자 살라딘이 이끄는 이집트의 비약적 발전에 저항하는 데 실패했다. 1187년 살라딘은 하틴에서 십자군을 격파하고 예루살렘을 탈환했다. 서양이 대경실색할 사건이었다. 교황은 즉시 군주들에게 제3차 십자군을 파견하여 예루살렘을 되찾으라고 촉구했다. 루이 7세의 아들 필립 오귀스트는 1190년 파리에서 출발하여 젠에서 배를 타고 메시나에서 잉글랜드의 사자심왕 리처드와 합류한 뒤 1191년 4월 20일 아크레에 도착해 공격에 가담했다. 신성 로마 제국의 프리드리히 1세(붉은 수염

왕)는 육로를 통해 가다가 성지에 도착하기 전에 사고를 당해 사망했다. 카페 왕조의 십자군은 1191년 8월 필립 오귀스트가 잉글랜드의 왕을 두고 황급히 프랑스로 돌아가면서 중단되었다. 사자심왕 리처드는 홀로 야파와 아스칼론을 탈환하고 예루살렘 접근권을 두고 살라딘과 협상했다.

이단자들에게 덤벼라!

13세기, 십자군에 새로운 방향성이 생겼다. 무수한 순례자, 유대인 대량학살로 귀결된 십자군의 무차별 징집에 맞서던 교황은 사태를 수습하려고 했고, 이 과정에서 무엇보다도 프란체스코회와 도미니크회에 의지했다. 이때는 십자군이 초기 목적에서 벗어나기 시작한 시기이기도 하다. 1204년, 베네치아인들에게 빚을 지고 있던 십자군은 콘스탄티노플에서 항해를 마치고 도시를 약탈하기 시작했다(제4차 십자군). 십자군은 1217년 파티미드 왕조가 다스리던 이집트를 정복하려 했으나 실패로 돌아갔다(제5차 십자군). 1228년, 프리드리히 2세는 술탄과 10년간의 예루살렘 반환을 협상하는 데 성공했다(제6차 십자군). 그러나 프리드리히 2세가 무슬림 왕자들에게 보여준 관용과 우정은 빈축을 샀다. 예루살렘이 기독교인들의 손에 있는데도 십자군의 사상은 죽은 것처럼 보였다.

십자군 정신은 교황이 알비교도들을 공격하면서(1209~1229) 다시 한 번 훼손되었다. 여기에서 이 공격을 십자군이라고 볼 수 있는가 하는 문제가 제기된다. 알랭 드뮈르제는 물론 십자군 체제가 동원되기는 했지만 사실 이 공격은 프랑스 남부에 있는 (카타리파라고 부르는) 이교도를 상대로 한 성전을 위해

알비교도들에 대한 억압, 시칠리아 정복: 교황의 정치적 이익을 위한 십자군의 변질을 목도하다.

십자군을 빼돌린 사건이었다고 강조한다. 인노첸시오 3세 교황은 1208년 최초로 신자들에게 무기를 들 것을 직접 호소하는 예외적 방식으로 십자군을 주도했다. 교황 특사가 십자군을 통솔하고 주군들은 집행자의 자격으로만 참여했다. 이것은 순례 문제도, 예루살렘에 관한 문제도 아니었다. 교황의 정치적 사리사욕을 위한 십자군 변질은 1265년 루이 9세의 동생 샤를 당주Charles d'Anjou의 시칠리아 공격을 정당화하기 위해 다시 한 번 등장했다.

성왕 루이와 마지막 십자군

1244년 8월 23일, 이집트의 술탄이 예루살렘을 약탈하고 그곳의 기독교인들을 학살함으로써 기독교인의 마지막 속령을 점령했다. 1226년 왕위에 오른 루이 9세는 원정에 뛰어들어 성지순례 임무를 완수하기 위해 십자군을 소집했다. 십자군은 루이 9세의 통치에 방점을 찍은 중요한 기록이 되었다. 1248년 8월 25일, 루이 9세는 여왕 마르그리트 드 프로방스와 함께 자비로 건조한 배와 젠과 마르세유에서 빌린 선박으로 구성된 선단을 이끌고 에그모르트를 출발했다. 이집트에 도착한 왕족 일행은 다미에타를 탈환하지만 십자군은 교착 상태에 빠지고 말았다. 1250년 2월, 루이 9세의 동생 아르투아의 로베르Robert d'Artois가 만수라에서 사로잡혔다. 몇 주 뒤, 왕 또한 포로로 잡혀 카이로로 끌려갔다. 마르그리트 드 프로방스는 어마어마한 몸값을 지불하고 루이 9세를 풀려나게 하는 데 성공했다. 루이 9세는 아크레로 돌아와 1254년까지 그곳에 머물렀다.

최후의 실패에도 불구하고 이 원정은 십자군 정신에 가장 근접한 원정 중 하나였다(또한 1297년 '성왕 루이'의 시성식에 큰 영향을 미쳤다). 그러나 루이 9세는 자신의 실패를 반추했고 1267년 다시 십자군 원정을 떠나기로 결심했다. 1270년 8월 25일, 배가 튀니스에 닿았지만 루이 9세는 합류하기로 했던 샤를 당주가 도착하기 전 괴혈병으로 사망했다. 결과적으로 이 원정은 시칠리아 앙주인들의 제국주의 사업과 이교도 개종을 위해 십자군 정신을 또다시 교란한 모습으로 비쳤다. 이것이 서양 군주 혹은 교황 특사가 이끄는 대 십자군의 마지막이었다.

14세기에 십자군이라는 발상은 다소 약해졌다가 터키의 유럽 공격과 같은 순간에 또 다른 형태로 되살아났다. 하지만 이렇게 되살아난 십자군은 유럽 강국 간 전투가 일반화된 가운데 실현 가능성 없는 소원으로 남았고, 그때부터 몇 세기에 걸쳐 식민주의 기업의 준거로 이용된 십자군 신화가 생겨났다. 그리고 우리는 여전히 이 신화를 떨쳐버리지 못하고 있다.

기독교 세계의 구축

11세기에 착수된 그레고리오 개혁을 따라 교회는 탄생부터 죽음까지
인간 삶의 주요 의례를 체계화하고 신자들의 일상을 더욱 강력하게 통제했다.
이러한 변화에 저항하는 자들은 '이단'이라고 규정되어
성직자와 도미니크회 같은 수도회의 공격 대상이 되었다.
교황이야말로 하나의 정치 혁명이기도 했던 이러한 종교적 변화의 최대 수혜자였다.

11세기에 시작되어 그레고리오 개혁이라는 이름으로 알려진 교회 개혁은 12세기와 13세기까지 계속되었다. 그 결과 영성과 신앙생활에 있어 이전 시기와 구분되며, 역사학자들이 '신기독교'라고 부르는 것이 탄생했다. 고딕 양식의 대성당은 여러 가지 측면에서 이러한 변화를 상징했다. 수직과 빛, 투명함을 원칙으로 세워진 대성당은 더욱 긍정적인 영성과 더욱 개인적인 신앙심을 반영했다.

성모마리아 경배의 비약적 발전은 신앙심에 좀 더 모성적 측면을 부여했다. 서양 전체에서 수천 개의 석조 대성당을 건축하던 시기, 성모마리아는 교회가 육화된 인물이 되었다.

신자 관리하기

12~13세기, 교황권은 로마의 라테란 대성당에서 1123년, 1139년, 1173년, 1215년 등 모두 4차례의 만국공의회를 소집하는 데 성공했다. 바로 이 공의회에서 기독교 교리의 새로운 의례와 신앙이 구상되었다. 그중 네 가지 의례가 근본적 역할을 하는데, 바로 영성체와 고해, 혼인성사 그리고 설교다.

영성체는 아마 교회 칠성사 가운데 가장 중요한 성사일 것이다. 신자 공동체의 응집력을 강화하는 역할을 하기 때문이다. 영성체는 미사 중 신부가 축성한 빵을 받는 의례로, 일곱 살에 견진성사를 받은 세례자라면 누구든지 받을 수 있었다. 빵과 포도주

가 예수 그리스도의 살과 피가 되는 화체의 신비를 통해 그리스도가 현존하는 성체를 모시면서 신자는 그리스도와의 일치를 이루었다. 성직자만이 빵과 포도주라는 두 형색 아래 성체배령을 할 수 있었다. 1215년(제4차 라테란 공의회)부터 규칙적으로, 적어도 1년에 한 번 성체를 모시는 것이 의무화되었다. 이 규칙은 속죄의식에 영향을 주었는데 어느 누구도 사전에 죄를 씻지 않고는 영성체를 모실 수 없었기 때문이다. 이렇게 하여 영성체는 고해 의무를 수반하게 되었다.

고해는 행동이나 생각으로 저지른 자신의 죄를 비밀리에 신부에게 고하는 것이다. 고해는 속죄(의식)의 일부로 간주되지만 회개를 대체하지는 않았다. 회개를 하기 위해서는 얼마만큼의 기도를 하거나 성소에 가서 성인이나 성녀의 성유골에 기도를

해야 했다. 신자들의 영혼성찰과 자기성찰이라는 어려운 일을 수행하는 신부들을 가이드하기 위해 교회는 고해신부 매뉴얼을 배포했다. 회개하는 또 다른 방법은 바로 교황이 일으킨 십자군에 가담하는 것이었다. 십자군은 면죄부, 즉 속죄의 고행을 해야 할 필요성을 없애는 감형을 얻게 해주었다. 고해는 중세에 (집단 및 단체에 대한) 개인이라는 개념이 창조되고, 근대적 주체가 생겨나 진화하는 핵심적 역할을 했다. 심지어 고해를 정신분석에 비유하는 이들도 있었다. 정신분석이 고해와 달리 고백을 요구하지 않고 어떠한 사면도 내려주지 않는다는 차이점을 제외하면 고해를 정신분석에 빗대어 설명할 수 있다는 것이다.

교회는 비종교적 관례를 일상에 자리 잡은 교회력에 통합시켰다.

영성체와 마찬가지로 '적어도 1년에 한 번' 고해를 해야 한다는 의무사항은 평신도가 교회 성사에 참여하는 데 제약이 있었음을 잘 보여준다. 하지만 교회는 일련의 정기적 의무사항을 정립하면서 의례를 정상화하고, 이제까지 여러 측면에서 피상적이었던 기독교화를 더욱 심화하려고 했다. 그래서 교회는 비종교적 관례를 일상에 자리 잡은 교회력에 추가하여 통합시켰다. 그 예가 바로 사순절 직전에 펼쳐지는 카니발이다. 카니발은 잠재적인 파괴 충동과 에너지를 발산하는 역할을 했다. 교회는 단식과 금욕을 전제로 두면서 이러한 반전 의식을 잘 관리하는 데 심혈을 기울였다. 이런 식으로 대중문화의 표현이 다수의 부차적인 곳과 예기치 못한 곳에서 발견되었다. 대성당 지붕에 석루조가 자리 잡는가 하면 반인-반야수의 작은 괴물이 필사본의 가장자리를 한껏 차지하고 앉은 것이다.

주요 통과의례의 기독교화는 결혼을 끌어들이면서 더욱 두드러졌다. 제4차 라테란 공의회는 결혼을 하나의 교회 성사로 공표했다. 이전까지 결혼은 대부분 평신도 사이에서 체결되는 사적인 일이었다. 하지만 이제 개인 간의 결합은 공식적이 되었고, 사제의 축복을 받아야만 결혼의 정당성이 인정되었다. 결과적으로 결혼은 불가분의 관계가 되었다. 사제는 두 배우자의 쌍방 동의를 반드시 확인해야만 했는데 이러한 장치는 넓은 의미에서 가족 간의 결합이라는 시스템에서 결혼을 분리해내는 동시에, 교구에 자리 잡은 핵가족 모델을 장려하기 위한 것이었다. 공동체 안의 정서적이고 영적인 관계(대부, 대모) 강화를 위한 친척관계 약화는 상대적으로 '탈친족화'되는 사회적 관계가 물리적으로나 심리적으로 일정한 범위를 갖게 되는(즉 공간화되는) 더 큰 현상의 일부라고 할 수 있다. 교회는 권세 있는 귀족 가문의 권력을 무너뜨리기 위해 7촌 내 친척 간 결혼을 금지하고(1촌=1세대) 제4차 공의회에서 이를 4촌으로 재설정했다. 이 법은 조금 더 현실적이긴 했지만 당시 4촌까지 가계를 따라 올라가기란 사실상 불가능했기 때문에 실제로 적용할 수는 없었다. 그렇기 때문에 실질적으로는 증조부모의 자손과 결혼하는 것을 금지한다는 의미였다. 결혼을 장악한 교회는 권력자들의 동맹을 허가하거나 폐기하면서 정치적 사건에도 개입할 수 있었다. 1152년 교황은 사촌관계가 지나치게 가깝다는 이유로 루이 7세와 엘레오노르 다키텐의 이혼을 허락했고, 1193년 필립 오귀스트와 잉게보르그의 결혼 무효는 거부했다.

11세기부터 13세기까지 진행된 서구 사회의 기독교식 문화 접변과 심화는 성직자 활동의 무게중심

> **교황은 자신의
> 새로운 권력을 정당화하기 위해
> 자신을 '그리스도의 대리자',
> 즉 그리스도의
> 지상 직속대표라고 선언했다.**

을 다시금 설교에 두지 않고서는 불가능했을 것이다. 그레고리오 교회는 수도원 교리에 근거하고 있었다. 특히 11세기에는 클뤼니 수도원, 그 후에는 새로운 수도원(시토, 샤르트르, 프레몽트레, 퐁트브르 등)의 교리에 의지했다. 반면 12세기부터 교회의 부흥은 기독교 교구의 형성을 중심으로 일어났다. 사제는 양 떼를 돌보면서 양을 한 마리도 잃어버리지 않고 구원으로 이끄는 목자와 동일시되었다. 이렇게 하여 주교는 한때 잃어버렸던 권력을 되찾았다. 교구 신자들의 올바른 신앙과 행동을 점검할 수 있는 교구 순회 혹은 본당구 순회 의무와 함께 주교의 임무가 확대된 것이다.

봉건시대에는 권력 있는 귀족이나 군주가 주교구를 몰수하여 둘째 자식들을 그곳에 두거나 충실한 성직자들의 조력에 보상하기도 했다. 하지만 12세기 가톨릭교회는 비종교인이 수도사의 특권인 수도원 선거와 주교 선거에 개입하는 것을 더 이상 용납하지 않았다. 이러한 '교회의 자유'를 회복하는 데 마찰이 없었던 것은 아니다. 1141년 루이 7세는 공석이었던 부르주 대주교를 임명하는 과정에서 자신의 후보자를 강요하려다 파면되었고, 1170년 캔터베리의 주교 토머스 베켓은 헨리 플랜태저넷(헨리 2세)이 매수한 기사들에게 암살당했다.

이러한 충돌은 이제는 군주의 저항에 맞서거나 저항을 무너뜨릴 수 있게 된 교황의 권위를 표명하는 중요한 사건이었다. 교회 개혁은 다른 한편으로는 성직자를 교황의 절대권력 아래 계층화하려는 내부적 개편이기도 했기 때문이다. 12세기 말 교황청은 안정적이며 효율적인 행정과 풍부한 세수입을 갖추었다. 교황은 교회법정에 대한 개입권을 강화하고 교황의 결정은 교회법, 즉 교회 안에 적용되는 일체 규범의 토대가 되었다. 교황은 교황의 권위가 모든 권위에 앞선다는 교황 지상권이라는 교리를 표명했다. 교황은 새로운 권력을 정당화하기 위해 자신을 '그리스도의 대리자', 즉 그리스도의 지상 직속대표라고 선언하고 그리스도의 왕위를 상징하는 왕관과 주교관으로 제작한 교황관을 썼다.

엄격한 관리를 기반으로 한 이러한 교리와 제도 구축에 반대하는 격렬한 항의가 일기도 했다. 교황권의 제국주의적 신정정치 야망은 서양 군주들의 요구와 주장에 부딪히기도 했는데 12세기부터는 프랑스 남부 도시 주민들 사이에서 가장 격렬한 저항이 일어난다. '이단'이라는 꼬리표가 달리게 된 이 저항 운동은 혹독하게 진압당했다.

이단을 몰살하다

12세기 이단의 급증은 기독교(이 시기에 나타난 표현이다)라는 균일하고 단일한 사회에 국민을 포함하려는 노력의 결과라 할 수 있다. 이 노력의 대가는 교회의 감독을 거부하는 자들의 축출이었다. 명령하기와 축출하기는 동일한 역학의 불가분한 두 측면이다. 이렇게 하여 점차 박해 사회가 자리 잡았다. 유대인과 사라센인 그리고 이단에 대항하는 박해가 시작된 것이다. 교회의 표적이 된 첫 이단은 1170년대 리옹에서 설교사 피에르 발데스의 선동으로 생겨났다. 발도파라고 불리는 그의 제자들은 교회의 중재에서 벗어나 청빈에 기초한 영적 삶을 추구하는 평

신도들이었다. 하지만 발데스는 1184년 파면되고 그의 운동은 박해당했다.

'카타리주의'라는 이름으로 알려진 이단은 과연 실제로 존재했을까? 이 질문은 여전히 역사학자들 사이에서 열띤 토론을 불러일으킨다. 한편에서는 체계적인 '카타리' 교회, 즉 기독교 교회를 위협하는 진정한 체제가 존재했다고 주장하지만, 다른 한편에서는 여기에 대해 회의적이다. 이들은 이단 재판을 위해 설치된 특별 재판소인 종교재판을 통해 생성된 정보를 비판적으로 분석하고, 이단이라고 판명된 자들의 '교리'보다는 관습을 더 주의 깊게 살펴본 결과, 이단적 관행에 다원성이 존재한다는 사실을 알아차렸다. 즉 13세기 종교재판 기록보관소에서는 단 한 번도 나타나지 않는 '카타리'라는 표현은, 후에 11세기와 16세기 사이 라인 강변부터 이탈리아 북부, 랑그도크, 카탈루냐에 걸쳐 퍼져 있는 매우 다양한 이단자 그룹을 단일한 단어 아래 한데 모으려고 쓰인 것이다.

사실, 당시 이단자들은 '좋은 사람들'로 식별되었다. 이것은 결코 대수롭지 않은 용어가 아니다. '좋은 사람들'은 한 공동체 안에서 영향력이 있는 사람과 유력자를 가리키는 일반적인 표현인데, 이는 카타리파 이단의 주요 특징을 잘 보여준다. 교리보다는 사회적 성격의 이단이라는 것이다. 좋은 사람들이 획득한 종교적 권위는 사실상 성사를 관리하는 데 있었고 성직자, 특히 주교가 행사하는 중재에 비판을 가했다. 즉 교회의 권위뿐만 아니라 무엇보다도 사회적 정당성을 문제 삼은 것이다. 이는 인노첸시오 3세가 1199년부터 탄압을 정당화하기 위해 이단을 불경죄로 지정한 이유이기도 하다. 하지만 그

것만으로는 부족했다. 1209년, 자신의 특사 피에르 카스텔노가 암살당하자 교황은 이단을 숙청하기 위해 새로운 십자군을 파견했다. 십자군은 알비 지방에 퍼진 이단을 지원하는 것으로 유명한 툴루즈의 레몽 6세 백작을 먼저 공격할 계획을 세웠다. 겁에 질린 레몽 6세는 십자군에 가담했으며, 십자군은 베지에를 약탈하고 시몽 드 몽포르의 지휘 아래 '카타리파 성'을 공격했다. 하지만 이때도 강력한 자치권을 요구하기는 했지만 특별히 이단의 피난처가 되어주지는 않았던 랑그도크 지방 영주들의 성들을 공격했기 때문에, 영주들을 상대로 정치적 전투를 벌인 것이라 할 수 있다. '좋은 사람들'의 이단은 사실 복음서에 나타나는 가난함 속에서 단순한 영적 삶을 살길 원하는 개개인이 일으킨 도시 차원의 사건이었다. 1229년, 루이 8세와 툴루즈 백작 사이에서 체결된 모-파리Meaux-Paris 조약은 카페 왕조의 남서부 지역 독점적 지배를 영속화했고 1244년 몽세귀르 포위로 이단은 사실상 막을 내리게 된다.

분부대로 하겠습니다!

이단에 맞선 투쟁은 매우 억압적이고 군사적 양상을 띠었지만 교회가 초기에 택한 방법은 평화적이었다. 교회는 다수의 시토회 수도사들을 파견해 토론과 설교로 길 잃은 양들을 교회로 데려오려고 했다.

프랑스의 남부 지방에 설교가 급속이 늘어나는 가운데 도미니크라는 카스티야의 참사관이 1206년 툴루즈에 자신의 제자들과 함께 이단에 맞서 싸우기 위한 수도원을 창설했다. 1217년 교황은 이 공동체를 승인했다. 이 공동체는 성 아우구스투스의 계

> **하급 신품 수도회는 13세기 신앙과 신앙생활 교육에서 결정적인 역할을 했다.**

율을 따르는 하나의 수도회인 '도미니크 수도회'가 된다. 도미니크회는 '하급 신품'의 수도회인데 상급 성품인 수도사monk가 아닌 수사brother로 구성되어 있기 때문이다. 이는 도미니크회 수사들이 공동 수도생활을 하지만 은거 서약을 하지 않는다는 것을 뜻한다(수사들은 주교나 참사원처럼 세속적으로 산다). 도미니크회는 빠르게 증가했고 곧 종교재판 법정을 담당했다. 13세기 말 약 7천 명의 도미니크회 수사가 700개의 수도원에 분산되어 있었다. 도미니크회 수사는 흰 수도복에 검은 겉옷을 걸친 차림으로 알아볼 수 있었다.

1200년대, 청빈과 금욕으로 돌아갈 것을 설교하는 한 평신도가 이끄는 이와 유사한 교단이 이탈리아 아시시에서 큰 성공을 거두었다. 교황권은 이 교단을 탄압하기보다는 통합시키려 했다. 이 교단은 제자들이 '가난한 자'라고 부르는 사람이 이끌고 있었다. 자신을 프란체스코라고 부르는 이 상인의 아들은 가업을 잇는 대신 주교의 보호 아래 들어가면서 개종하기로 결심했다.

1215년 교황 인노첸시오 3세는 제자들을 위한 인생 계율을 만든다는 조건으로 프란체스코에게 설교를 허락했다. 이렇게 하여 탁발 수도회로 알려진 프란체스코회가 탄생했다. 프란체스코의 설교는 신앙심과 환희로 가득했는데 이는 자연과 자연이 인간에게 주는 기쁨을 찬양하는 그의 성가에서 잘 나타난다. 성 프란체스코는 당시의 믿음과 관습을 끊임없이 이 사회 통념에 역행하는 방식으로 해석했다. 그는 수도원을 설립했지만 평신도로 남았고 성공에도 불구하고 부와 재산을 거부했다. 그리고 수도원이 받은 모든 기부금을 재분배했다. 부가 순환하여 공동의 복지를 창출하기 위해서는 아무것도 축재되어서는 안 되기 때문이었다. 이러한 극단성은 당시 수많은 사람에게 동경의 대상이 되었다. (표백이나 염색을 하지 않은) 담갈색 혹은 베이지색 옷을 입고 허리에 두른 끈으로 쉽게 알아볼 수 있어 '띠를 두른 수사(성프란체스코 수도회원이 세 개의 매듭이 달린 끈을 허리에 차고 다닌 데서 유래한 프랑스식 명칭―옮긴이)'들이라고도 불리는 프란체스코회 수사는 1250년경 그 수가 대략 1,500명으로 늘어났다.

하급 신품 수도회는 13세기 신앙과 신앙생활 교육에서 결정적 역할을 했다. 군주 참사위원뿐만 아니라 대학에서 가장 권위 있는 신학 강단에까지 접근할 수 있었기 때문이다. 파리대학의 가장 위대한 신학자 중 한 명으로 신앙과 이성을 조화시키려고 한 도미니크회의 수사 토마스 아퀴나스가 가장 좋은 예다.

평신도를 관리하고 신앙심을 이끌어주려는 성직자들의 노력은 역설적이게도 종교계율 실천의 개인화에 유리하게 작용했다. 신체와 '영혼의 움직임'의 유기적 결합에 관심을 갖게 된 교회는 '오감'을 규정했다. 오늘날 우리가 감정의 역사를 묘사할 수 있게 해준 문서를 생산하기 시작한 것도 12세기였다. 수치심을 나타내는 옛 불어 표현 'vergogne'가 보여주듯이 감정에도 역사가 있기 때문이다. 현재 책에서만 찾아볼 수 있는 이 'vergogne'라는 감정은 수치심, 체면, 부끄러움에 부합하는 '칭찬할 만한 감정'으로 간주되었다. 하지만 몇 세기가 지난 현재, 당시 개개인이 살았던 정서적 공동체와 물질적 조건을 모른 채로 당시의 '감정'을 이해하기는 어려운 게 사실이다.

변화하는 촌락

농촌이 비약적으로 번창하고 있던 사회에서 영주 시스템을 중심으로 일어난
농촌 재편으로 인해 전례 없는 부의 축적이 가능해졌고 강력한 사회 이동이 일어났다.
농민이 마을 공동체를 중심으로 좀 더 독립적으로 자신들의 활동을 체계화하는 가운데
영주는 귀족과 기사도 관례를 결합해 자신의 지배력을 유지했다.
한편 상인들은 결코 무시할 수 없는 존재감과 함께 자신들의 입지를 넓혀갔다.

11~13세기 동안 서양의 인구는 급격하게 증가하고 경제는 비약적으로 발전했다. 1000년경 500만이었던 프랑스 왕국의 인구는 3세기 1,500만까지 늘어났다. 이러한 인구 증가는 생산 공간의 근본적 재편이 없었더라면 불가능했을 것이다.

11세기부터 사람들은 마을 단위로 모여 살면서 생산량을 늘리기 위해 공동으로 경작했다. 하지만 이것으로는 충분치 않았다. 새로운 토지가 필요했던 것이다.

미개간지, 특히 숲을 이용하여 경작지를 늘리게 해준 것은 바로 토지 개간이었다. 이렇게 만들어진 새로운 토지를 '개간지'라고 한다. 영주들도 이러한 토지 개발에 가담했다. 숲의 일부가 오로지 영주의 사냥에만 할애된 것은 사실이지만 새로운 구획에 파종할 수 있도록, 즉 밀을 심을 수 있도록 자신의 '보유지'를 줄이기로 한 것이다. 이렇게 해서 카롤링거 시대에 존재했던 국유 시스템이 사라지고 '장원'이 자리 잡게 된다.

영주 시스템에서 우리가 '토지 보유 농민'이라고 부르는(토지를 '보유'하고 있기 때문이다) 사람들은 지대를 납부하기만 하면 비교적 자유롭게 자신이 원하는 대로 경작을 할 수 있었다. 지대는 현금으로 내는 정액지대, 현물로 내는 현물세와 십일조(대략 수확물의 10분의 1에 해당한다)가 있었다. 이러한 상황에서 소작 방식(영주가 자신의 토지를 직접 경작하지 않음)에

힘입어 작업 자율화 현상이 생겨났다. 이와 반대로 12세기 말 영국에서는 영주가 직접 경작을 결정하고 생산을 기획하기 때문에 농민은 사실상 자율성이 전혀 없는 노예에 가까운 신분이었다. 이러한 시스템 덕분에 농학 개론 저술이 활발해졌는데 토지의 수익을 극대화하는 방법에 대해 영주에게 컨설팅을 해준 농학 저술가 월터 헨리Walter Henley의 저술이 대표적이다.

공동으로 경작하다

이렇게 프랑스 왕국 전반에 걸쳐 생산 공간이 재구성되는 가운데 마을 공동체 조직이 생겨났다. 공동체가 이용하는 구획과 공간 일체를 가리키는 '공유지' 내에서 주거환경이 재편성되면서 인구 관리가 쉬워졌다. 토지 보유 농민은 개인적으로는 자신의

영주에게 매인 상태였지만 공동체 안에서 연대 관계를 구축하고 이러한 연대를 토대로 농업 관행을 발전시켰다.

농업 관행 중 방목지와 결합한 휴경지의 발달은 생산성 향상에 지대한 영향을 미쳤다. 토지 보유 농민의 구획은 공유지 내에서 분산되는데, 이 공유지는 여러 개의 '윤작지'로 분할되었다. 이러한 공유지의 '윤작'은 2, 3년을 주기로 교대 경작하기 위한 것이었다. 농민들은 밀, 보리, 귀리를 번갈아가며 파종하고 휴경지를 따로 두었다. 이렇게 교대로 경작하면 토지의 비옥도를 보존할 수 있을 뿐만 아니라 기후와 생물학적 변수의 영향을 줄이는 동시에 휴경지를 공유화할 수 있었다. 경작인들 간에 통합되었다가 분배되는 경작 공간(경작지)과, 공유 공간으로 통합된 비경작 공간이 분리되면서 공동재산이 생겨났다. 중세 농업 시스템에서 가장 중요한 점은, 개인적으로 혹은 공동으로 소유할 수 있는 목축자산(가축 및 목축시설 일체)과 경작 사이의 균형을 유지하는 것이었다.

> **촌락에서는 프뤼돔이라고 부르는 가장들이 서로 모여 회의를 열고 의사결정을 했다.**

윤작을 위해서는 공동합의와 방앗간, 화덕, 압착기, 다리와 같은 장비 공유화가 필요했다. 대부분의 경우 이러한 기반시설은 농민들이 이를 이용하는 대가로 '사용료'라는 세금을 징수하는 영주의 투자로 구축되었다. 하지만 공동체가 자체적으로 이 같은 시설을 건설하는 지역도 있었다.

중세에는 촌락village에 사는 사람을 'vilain'이라고 불렀는데, 오늘날 '시골 사람'에 상응하는 표현이다. 촌락에서는 프뤼돔prud'homme이라고 부르는 가장들이 모여서 의사결정을 했는데 이들은 회의를 열어 공동의 문제를 논의했다. 하지만 이 같은 민주주의적 겉모습 뒤에서 실질적으로 공동체에 권력을 행사하는 사람은 대부분의 경우 가장 부유한 사람, 자신의 경작 장비(쟁기와 소)를 소유한 경작인이었다. 이러한 불평등에도 불구하고 농촌 의회는 이 시대의 농촌 세계를 특징짓는 합의체 정신을 잘 보여준다.

번창하는 농민들

이러한 회의가 농민들이 목소리를 내는 장소이긴 했지만 불행히도 그 흔적을 찾아보기는 어렵다. 오늘날 역사학자들에게 중세 시대 피지배자들의 목소리를 듣기는 여간 어려운 게 아니다. 당시의 조사 보고서나 재판 발췌문을 통해 이들의 목소리를 듣는다 해도 항상 성직자나 공증인에 의해 한 번 걸러진 뒤다. 이러한 상황에서 중세의 농민들을 이해하기란 쉽지 않다. 하지만 12, 13세기 시와 우화시를 모은 《여우 이야기Roman de Renart》 같은 몇몇 작품을 통해 접근해볼 수는 있다. 이 모음집은 동물을 등장시켜 사회 질서를 풍자적으로 패러디하는 것을 넘어 당시의 사회적 고정관념을 엿볼 수 있게 해준다.

농노를 포함한 일부 농민의 부가 증대하면서 급속한 사회적 변화가 일어났다. 역사학자들이 '신농노제'라고 부르는 것은 더 이상 부역이나 다른 형태의 생산 활동을 필요로 하지 않는 종속의 형태에 해당했다. 농노는 이제 다른 농민과 마찬가지로 토지를 보유한 농민이었지만 신분 때문에 개인에게 납세 의무가 있는 '인두세', 상속법에 적용되는 '농노

상속세', 자녀들을 결혼시키기 위해 납부해야 하는 '영외결혼세'라는 특수 부과조를 납부할 수밖에 없었다. 농노는 자신의 노동을 통해 부를 축적하고 영주로부터 자유를 살 수 있었다.

귀족으로 들어가는 문

마찬가지로 당시 귀족으로 통하는 신분 상승의 문이 닫혀 있는 건 아니었다. 부유한 농민이 하급 귀족 출신 여성과 결혼하는 경우도 흔치 않게 볼 수 있었다. 이러한 중간 계급 간 결합은 양쪽 모두에게 이익이 되었다.

기사 계급은 출신과 부, 결혼이라는 조건이 충족되면 말과 시종, 갑옷을 갖추고 유지할 수 있는 자들에게 열려 있던 귀족 신분이 될 수 있었다. 귀족 신분은 혈연과 관련된 문제이긴 했지만 토너먼트에서 이름을 빛내는 등 전투에서 얻은 명예와 위업, 용맹 또한 중요한 요소로 작용했다. 윌리엄 마셜이 바로 이에 해당하는 경우다.

12, 13세기 토너먼트는 체계화된 기마창 시합이 아니었다(그 후에 기마창 시합이 되었다). 오히려 기사의 전투 솜씨를 보여주기 위한 모임이었다. 그렇기 때문에 귀족에게 인정받는 방법 중 하나로 자리 잡을 수 있었다. 전투 훈련의 형식, 일종의 '스포츠'로 인식된 토너먼트는 미래의 기사를 교육하는 데 영향을 미쳤다. 토너먼트가 지나치게 폭력적이라고 판단한 교회는 제3차 라테란 공의회에서 폭력은 경건한 동기로 행해져야 한다면서 토너먼트를 금지했다.

기사 계급으로 들어가는 실제 의식은 기사 서임식이었다. 바로 이 의식을 통해 기사 집단이 결정되고 이 집단은 인구의 5퍼센트만이 해당하는 폐쇄된 작은 엘리트층을 형성했다. 프랑스어로 기사 서임식을 뜻하는 'adoubement'는 프랑스 왕국 시대에 때린다는 뜻으로 쓰인 'duban'이라는 단어에서 왔다. 서임식에서는 실제로 무구(투구, 갑옷, 검, 박차)를 받은 기사의 등 위쪽을 쳤다. 이 의식은 젊은 기사의 저항심을 테스트하는 상징적 시험이었다. 12세기까지 굉장히 비공식적이고 변칙적이었던 이 의식은 점차 체계를 갖추었다. 1128년 제프리 플랜태저넷의 기사 서임식을 세밀하게 묘사한 마르무티에 수도원의 수도사 장Jean de Marmoutier은 교회가 수긍할 만한 형태로 서임식을 체계화하는 데 한몫했다. 사실 아서왕과 원탁의 기사 전설을 필두로 하는 여러 전설과 신화를 구성해 기사도 이데올로기를 정교하게 만들어낸 사람은 바로 수도사들이었다. 성배 탐색을 기사도 이상으로 승격시키면서 폭력을 교회에 알맞게 왜곡한 것이다. 아서왕의 전설은 중세 말까지 그리고 그 후에도 엄청난 성공을 거둔다.

귀족 사이에서는 또 다른 의식을 통해 연합과 의존관계가 계약으로 체결되고 공식화되었다. 예를 들어 봉신서약은 스스로 자기보다 더 강한 사람의 가신임을 인정하는 의식이었다. 의례는 개인의 지위에 따라 달라졌다. 대부분의 경우 봉신은 영주 앞에 무릎을 꿇고 자신의 손을 영주의 손에 올렸다. 그러면 영주는 봉신을 일으켜 세우고 평화의 입맞춤을 했다. 서약에는 상호 의무가 따랐다.

> **문장학을 통해 문장의 기호와 색깔로 귀족의 가문과 혈통을 식별할 수 있게 되었다.**

귀족에게는 무엇보다도 '식별'이 중요했다. 특히 옷이 중요한 수단이었다. 귀족의 옷은 동양과 무역해서 얻은 비단과 보석, 발트해 무역에서 얻은 모피

은 성모마리아의 상징이었고 코발트색은 망토의 색깔이었다. 스스로 '매우 기독교적'이라고 한 카페 왕조는 12세기부터 왕국을 성모마리아의 보호 아래 놓았는데, 왕국 전역에서 솟아오르는 대성당이 성모마리아에게 봉헌된 것을 보면 당시 성모마리아 경배가 성행했다는 사실을 쉽게 알 수 있다.

이러한 사회에서 영주와 평민 사이, 기사와 경작인 사이, 귀족과 평민 사이, 농노와 프뤼돔 사이의 사회적 정체성이 전면 재구성되는 동시에 새로운 부류가 탄생하기도 했다. 바로 부르주아 상인이다. 사실 이 부르주아 상인 계층은 점차 정치, 경제, 종교적 주요 거점이 되는 도시의 빠른 성장 덕을 본 사람들이었다.

(회색다람쥐 모피와 담비 모피)를 사용하며 점점 더 사치스러워졌다. 이러한 과시는 반발을 불러일으켰다. 예를 들어 베르나르 드 클레르보는 자신의 몸과 칼자루를 지나치게 꾸민 기사를 호되게 비판했다.

이러한 장식에 점차 문장紋章이 포함되었다. 실제로 12세기부터 문장의 기호와 색깔로 귀족 가문과 혈통을 식별하는 문장학이 생겨났다. 코발트색 바탕의 흰색 백합은 카페 왕조의 문장이 되었다. 백합

코뮌과 부르주아

프랑스 왕국에서 도시가 차지하는 비중은 10퍼센트에 지나지 않았지만
11세기와 13세기 사이 도시에 인구가 밀집하게 되었다.
유럽 내 교역 증대라는 수혜를 입은 상인은 도시 발전에서 결정적 역할을 했다.
하지만 이러한 활기는 일상 풍경뿐만 아니라 인간 영혼에 강하게 뿌리내리며
대학을 세우고 웅장한 대성당을 지은 종교적 행동주의의 결과이기도 하다.

코뮌과 브르주아

145

THE MIDDLE AGES II

11세기, 인구가 재편되기 시작하면서 풍경이 변화하고 사회조직이 급변했다. 고대 후반부터 오랫동안 지속된 후퇴 국면이 지나고 새로운 형태의 도시 조직이 생겨나기 시작했다. 이러한 도시 부흥은 무엇보다도 인구가 급속하게 팽창한 결과였다. 농민들은 일자리와 자유를 찾아 새로운 수공 활동과 상업 활동의 거점인 도시로 향했다. 상품화할 수 있는 잉여농산물을 팔러 오는 농민이 있는가 하면 아예 정착하려고 온 농민도 있었다. 오래된 고대 중심지의 인구가 밀집하고 확장되어 가까이에 있던 수도원을 중심으로 형성된 성곽으로 둘러싸인 도시bourg와 연결되었다. 툴루즈, 투르, 디종뿐만 아니라 왕국의 다른 여러 도시도 이렇게 형성되었다. 도시에 따라 형성 과정은 매우 다양하지만 중세 도시의 특징은 무엇보다도 부르주아라는 새로운 사회집단을 탄생시킨 경제적 역동성이었다.

시장과 도시, 코뮌

시장과 장은 도시 활동의 중심에 있었다. 도시 입구에 계절에 따라 열리는 이 교환 장소의 수가 크게 증가했고 재화와 사람이 순환하는 효과를 가져왔다. 십자군을 계기로 동양과의 무역로가 다시 열리고 도시 동맹과 북해와 발트해 연안의 한자동맹이 결성되면서 서양 시장으로의 원거리, 희귀 소비물자(향신료, 비단, 모피) 공급이 수월해졌다. 이탈리아와 플랑드르 지방을 잇는 길의 교차점이라는 이상적인 위치에 서는 샹파뉴의 장에는 전 세계에서 온 상품이 모여들었다. 매년 한두 차례 열리는 트루아, 라니, 프로방스, 바르 쉬르 오브의 장은 이곳을 보호하고 상거래를 감시하며 도량형을 감독하는 샹파뉴 공작들의 적극적인 추진력에 힘입어 빠르게 성공했다. 환어음과 같은 새로운 금융 기술이 전파되는 이같은 장들이 성공할 수 있었던 또 다른 요인은 바로 교통 발전이었다. 상인들과 순례자들은 새로 지은 돌다리와 효과적으로 유지, 보수되는 길의 덕을 톡톡히 보았다.

농촌이나 도시나 할 것 없이 주민 공동체는 그 규모가 커지면서 영주에게 압력을 가해 공동의 자유와 세금 면제 혜택을 얻게 되었다. 이것이 바로 영주가 서면 특허장으로 부여하는 자치권이라고 하는 것이다. 자치권 덕분에 공동체는 경미한 범죄의 경우 자체적으로 재판권을 행사하는 독립적인 시 정부를 갖출 수 있게 되었다. 1070~1150년 사이 이탈리아에서 시작된 '자치 운동'이 프랑스를 강타했다. 프랑스 왕령에서 내어준 초기 특허장은 확장왕 루이 6세가 1134년 로리 장 가티네Lorris-en-Gâtinais에 부여한 특허장을 모델로 했다. 왕국의 서부에서는 헨리 2세가 1170년 루앙 사람들에게 부여한 도시 자치 특허장 '루앙 헌법'이 이후 몇 년간 특허장의 모델이 된다.

종탑의 비호 아래

도시 자치권은 의회를 통해 공동으로 집행되었다. 의회 의석을 차지하는 사람들을 두고, 이탈리아와 프랑스 남부에서는 '시 행정관', 플랑드르와 프랑스 북부에서는 '시 참사회원'과 '보좌판사'라고 불렀다. 종종 이들 중 '시장'이라고 불리는 좀 더 유력한 사람이 의장이 되는 경우가 있었다. 대부분 의회는 도시의 '부르주아'에 의해 선출되었다. 13세기에 '부르주아'는 세금과 순찰을 제공하는 대가로 공직을 수행할 수 있는 권리를 행사하는 사람을 가리키는 표현이었다. 이러한 소수 부유 엘리트가 권력을 몰수하면서 소속된 회원이 신입회원을 뽑는 지명 선거 방식에 변화가 생겼다.

코뮌(중세 프랑스의 주민자치제—옮긴이)이 법적으로 인정받으면서 종탑 혹은 탑과 도시 성벽이 세워졌다. 이러한 탑과 성벽은 코뮌의 정체성을 드러내는 동시에 도시 안으로 들어오는 상품을 통제하고 세금을 부과할 수 있는 통행료 징수소를 설치하는 계기가 되었다. 성벽 밖에는 영주가 자신의 재판권과 치안권, 즉 공권을 행사할 수 있는 변두리 지역이 있었다. '교외banlieue'라는 표현이 여기에서 파생되었다. 사람들이 성벽 안에 임의로 정착하면서 시가지는 무분별하고 혼란스럽게 조직되었다. 집들은 건물이 들어서지 않은 수많은 공간(정원, 밭)에 바로 맞닿아 있었다. 순서나 계획 없이 깔린 길들은 대체로 좁고 어두웠으며, 인도도 없을뿐더러 포장되지 않은 경우가 대부분이었다. 가정과 수공예 작업장에서 나온 쓰레기로 덮여 더러워진 길에, 집에서 키우는 동물들이 자유롭게 돌아다녔다. 13세기부터 석조가 발달하면서 건물들이 인접 원칙과 정렬 원칙에 맞게 지어지기 시작했다. 주거지 밀집 현상은 수많은 통행과 위생 문제를 야기했다. 도시에는 사람들이 가족끼리 즐기거나 사업 이야기를 하려고 모여드는 한증막 등 다양한 서비스 시설이 있었다. 알몸을 노출하는 것과 관련된 어떠한 금기도 없었다. 반면 매춘은 루이 9세에 의해 엄격하게 금지되었다.

> **도시에서는 시간과 돈에 대한 이해 방식이 생활 방식을 변화시켰다. 도시에 온 사람들에게 그것은 매혹적이면서도 곤혹스러운 경험이었다.**

자크 르 고프에 따르면 도시의 비약적 발전은 이 시대의 중대한 현상이었다. 90퍼센트 이상이 농촌인 농촌 사회에서 도시에서 살기란 매혹적이면서도 곤혹스러운 독특한 경험이었다. 도시의 일상이 자리 잡는 동안 은행 거래 활동의 발전과 물품 교환의 화폐화로 부르주아가 부를 축적하는 속도가 빨라졌다. 일반적으로 부유층과 빈곤층이 같은 구역에서 살았지만 도시가 커지면서 도시 공간에도 사회적 격차가 반영되었다. 주먹다짐과 도둑질, 방랑자는 도시에

폭력적인 세계라는 이미지를 심어주는 데 한몫했다. 십자군에서 돌아온 루이 9세는 왕국을 평화롭게 만들기로 결심하고 파리의 구걸 행위를 줄이기 위한 다양한 건물을 짓게 했다. 이러한 배경으로 세워진 것이 바로 가난한 맹인들을 위한 '300인 병원'이다.

종탑과 성벽 외에도 쉽게 알아볼 수 있는 또 다른 건물들, 즉 병원과 성당, 공동묘지를 중심으로도 도시 사회성이 조직되었다. 병원 수가 늘어나는 가운데 교회와 공동묘지는 각 교구가 공간적으로 뿌리내렸음을 나타냈다. 주민들은 대부분 수호성인의 비호를 받는 기도 단체나 신앙적 상호부조 단체에 가입했다. 같은 구역이나 같은 직업 내에 조직되는 이러한 평신도회는 시골에 존재하던 연대와 공생의 관습을 도시에 정착시켰다.

12세기부터 수공업자들은 '직업'에 따라 재편되었고 상인들은 '길드'를 조직했다. 이러한 단체의 역할은 생산, 경쟁, 직업 획득, 제조 규격과 관련된 공동 규칙을 마련하는 것이었다. 하지만 협의의 공간 안에도 강력한 불평등이 존재했다. 어떤 직업(모직물상)은 다른 직업(피혁공)보다 더 높은 가치를 인정받았고 작업장에는 강력한 서열이 존재했다. 작업장의 장인은 직공이나 견습생을 고용해 훈련하고 그들에게 숙식을 제공했다. 루이 9세는 통치 기간에 직업 관계를 체계화하기 위해 재판관 에티엔 부알로Étienne Boileau에게 명하여 파리의 직업 규약서를 편찬했다.

성직자들의 도시

도시의 상인 숫자가 늘어나는 와중에 성직자, 즉 교회 사람들도 도시에서 중요한 위치를 차지했다. 12세기 동안 지식의 중심은 수도원에서 도시 학교와 대학으로 옮아갔다. 대학은 스승과 학생의 조합으로 교황의 보호 아래 있었다. 각지에서 학생들이 자유과를 공부하려고 대학으로 모여들었는데 자유과 과정은 3과목(수학, 문법, 논리학)과 4과목(산술, 기하, 천문학, 음악)으로 구성되어 있었다. 자유과를 마치면 의학이나 법학, 신학으로 진로를 정할 수 있었다.

프랑스 왕국에 설립된 최초의 대학은 파리대학이다. 1215년 대학으로 인정받았지만 1231년이 되어서야 왕과 주교의 감독에서 완전히 벗어날 수 있었다. 1233년 툴루즈의 레몽 7세는 이단의 논거에 맞서 싸울 설교사를 양성할 목적으로 1229년 파리 조약을 적용하여 프랑스에서 두 번째로 큰 대학을 설립했다. 이는 동일한 목적으로 성 도미니크가 설립한 수도회인 도미니크회 수사들에게 대학 교육을 일임한 이유이기도 하다. 도미니크회와 프란체스코회 수도원들은 수도원 내에 수도사 양성을 위한 형제 '스투디아studia(연구소)'를 도처에 설립했다.

성직자들은 당시까지 기독교 사회에서 금지되었

던 화폐 거래와 상인의 위치에 대해서도 숙고하여 연옥에 대한 믿음을 고안해냈다. 지옥과 천국의 중간 지점인 연옥은 죄를 지은 자, 특히 상인들이 죽은 뒤 종국에는 구원을 얻는다는 확신을 가지고 꽤 오랜 기간 회개할 수 있는 곳이다.

기독교 상인들은 자신의 부를 경건한 자선사업에 재투입하면서 죄를 씻을 수 있었지만, 유대인은 고리대금 관행을 이유로 지속적으로 경멸을 받았다. 또한 사회관계가 점차 화폐가치를 기반으로 형성되는 데 대한 혹독한 대가도 치러야 했다. 유대인들은 가혹행위를 당하기도 하고 추방당하거나 대량학살에 희생되기도 했다.

> **군주들이 대성당 건축에 거의 개입하지 않았음에도 불구하고 대성당은 카페 왕조의 '황금시대'를 상징한다.**

도시의 비약적 발전으로 주교의 권위가 강화되었다. 대성당 참사회에 소속된 성직자들의 보좌를 받는 주교는 도시 발전의 결실을 오래된 성당을 재건하는 데 이용했다. 프랑스 북부에서는 스콜라철학 교육을 받은 도시 엘리트층이 대성당을 중심으로 영적 종합 정책을 전개했다. 역사학자 어윈 파노프스키 Erwin Panofsky는 이 정책을 다음과 같이 정의했다. "전통적 대성당은 각각의 것을 본래 자리에 위치시키면서 기독교적, 신학적, 자연적, 역사적 지식의 총체를 구현하고자 한다."

아치의 압력 하중을 중앙 홀 기둥과 외부로 분산시키는 첨두아치와 버팀벽 기술 덕분에 궁륭이 높아졌다. 이 기술을 적용하면서 벽면을 창문으로 활용할 수 있게 되었고, '신의 거처'가 창문에 끼워 넣은 스테인드글라스를 통해 들어오는 빛으로 꽉 차게 되었다. 대성당 정면을 장식한 거대한 장미는 이러한 눈부신 개방성과, 유럽 전체에 '꿈의 대성당'을 건립할 수 있을 만큼 비약적으로 발전하는 낙관주의를 상징한다. 17세기나 되어서야 우리가 '고딕 양식'이라고 규정하기 시작한 이 예술은 당시 일드프랑스에서 발전한 이 건축의 기원을 강조하기 위해 '프랑스 스타일 혹은 프랑스인의 업적'이라고 불렸다. 1163년 파리의 노트르담 대성당 건립이 시작되었고 랭스와 아미앵 대성당 건립은 각각 1211년과 1220년에 시작되었다. 당시 군주들이 건축에 거의 개입하지 않았음에도 불구하고 이 거대한 건물들은 왕권의 대두와 맞물려 카페 왕조 '황금시대'의 상징이 되었다. 이 성당들은 성당을 장식하는 조각의 영향으로 좀 더 든든한 목자, 좀 더 고요하고 진정된 신앙심을 표현한다.

글의
권력

12세기부터 가톨릭교회와 왕실 기관, 대학이 맞물려 빚어낸 효과로 글이 필수 요소가 되었다.
점점 더 많은 정치적 결정과 종교 교리, 일상 문서가 글로 기록되었다.
문자 교육은 여전히 부차적 문제였지만 많은 관습이 뿌리째 흔들렸다.
동양에서 전해진 지식이 지적 생활을 풍요롭게 하는 가운데 프랑스와 나머지 유럽에서
'기록 혁명'이 일어나 근대 국가의 기초를 다졌다.

12세기부터 중세 서양에 역사학자들이 '기록 혁명'이라고 부르는 사건이 일어났다. 기록 혁명은 글이 더욱 빈번하게 집중적으로 사용되면서 일어난 격변을 가리킨다. 당시까지 글은 제한된 영역에서만 사용되었기 때문에 사회적 상호작용에는 실질적 영향을 미치지 않았다. 인류학자 잭 구디Jack Goody는 글이 지성의 기술로서 어떻게 인간의 정신 능력과 논리적 사상을 발달시켰는지 밝혔다. 영국 역사학자 마이클 클렌치Michael Clanchy는 최초로 이 연구를 토대로 근대 국가 창조를 야기하는 대학과 행정의 형성으로 인한 12, 13세기 서양 사회의 변화를 해석했다. 이러한 변화는 기록된 문서의 대량생산이라는 결과를 가져왔다. 한편에서는 사회, 정치적 상호작용(조사, 회계, 계약 등)을 아우르는 '실용문서'가 크게 늘어났다. 다른

한편에서는 수도원과 학교, 대학에서 생성된 지적 산물이 코덱스에 기록되었다. 오늘날 책의 조상 격인 코덱스는 양피지 낱장을 묶어 만든 것으로 양피지 두루마리보다 읽기가 수월했다. 글은 특별한 효율성 덕분에 권력을 얻게 되었다. 기록된 문서가 일상적 권한을 행사하는 데 필수 불가결한 매체가 된 사이, 필사본은 보존 역할을 톡톡히 했다.

인구의 문자 교육이 크게 늘지 않은 상태에서 어떻게 쓰는 행위가 이 같은 위치를 차지하게 되었을까? 당시 읽고 쓸 줄 아는 인구는 10퍼센트를 넘지 않았을 것이라고 추정된다. 하지만 사회 안에서 글이 보급되어 문화적 변화를 야기하기 위해 모두가 읽고 쓰는 것을 알 필요는 없었다. 중요한 사실은 모두 글의 권력을 인식하고 있었다는 것이다.

이렇게 하여 글은 당시 사회에서 점점 더 중요한 위치를 차지하게 되었다. 또한 장학 시스템 덕분에 교육을 제공받는 인구의 범주가 확장되었다. 도시에서는 교구 신자들이 모여서 자녀들에게 읽기와 쓰기의 기초를 가르치는 성당 부속학교 교장의 보수를 지급하는 일이 드물지 않게 있었다. 한편 문서 생성 기술이 다양해지면서 효율성이 높아지고 쉽게 접근할 수 있게 되었다. 이와 동시에 공증인이라는 직업이 발달했다. 12세기와 13세기에 기록된 증서는 대부분 공식 증서였는데 구두 발언을 기록하기만 한 것이라서 반드시 증인이 출석하여 공증을 해야 했다. 성직자가 글을 반독점하면서 학교에서 발전한 공동 관행과 규범이 보급되었다. 봉신 서원 같은 사회적 상호작용이 문서화되기 시작하면서 자연스럽게 체계화, 표준화되었다.

보존, 통치, 판결

역사학자 마이클 클렌치는 필기 혁명의 세 시기를 구분할 필요가 있다고 말한다. 글이 쓰여지는 시기, 글이 보존되는 시기, 글이 사용되는 시기가 그것이다. 기록 절차로서의 글은 기억을 보존하는 데 중요한 역할을 했다. 반면 (기록된) 글이 '사용 가능'하려면, 다시 말해 유포되어 이해되려면, 일정한 규칙을 따라야 할 필요가 있었다. 대중이 지식을 자신에게 알맞게 소화하기 위한 어느 정도의 표준화가 필요했던 것이다. 이러한 표준화를 위해 학교와 대학에서 양성된 성직자를 고용하는 상서국과 왕립 행정이 발달했다.

교황권이나 잉글랜드에 비해 프랑스는 이러한 행정 발전 과정에 비교적 늦게 착수했다. 하지만 1194년 필립 오귀스트가 프레테발 전투에서 자신의 모든 고문서를 잃어버리고 패배한 후 상황이 급변했다. 이때부터 왕정 문서는 왕의 여정을 따라다니기보다는 파리의 왕궁에 보관되기 시작했다.

> 루이 9세는 항소의 경우에는 반드시 왕실 조사를 실시하도록 강제하여 '정의왕'이라는 명성을 쌓았다.

글의 비약적 발전은 사법 분야에 중대한 영향을 미쳤다. 12세기까지 용의자는 신명재판이라는 이름으로 알려진, 신이 내리는 시련을 겪어야만 했다. 고통스럽고 심할 경우 사망할 수도 있는 이 시련으로 죄의 유무를 가리고 처벌을 내렸다. 성직자뿐만 아니라 평신도도 강력하게 비판하는 이 절차는 점차 심문을 근거로 하는 다른 절차로 대체되었다. 즉 구두 혹은 서면 증언과 대질에 근거하게 된 것이다. 13세기에 일반화된 이러한 새로운 절차의 성공 요인은 명령하는 권한(영주)과 결단을 내리는 권한(재판관)이 구별된다는 사실이었다. 이렇게 구분하면 당사자의 동의를 받거나 진실을 밝히는 것이 쉬웠다. 루이 9세는 항소의 경우에는 반드시 왕실 조사를 실시하도록 강제하여 '정의왕'이라는 명성을 쌓았다.

조사의 목적

진실을 밝히기 위한 조사 혹은 심문 절차는 1231년 그레고리오 9세에 의해 종교재판이라는 이름으로 세워진 법원의 중심이었다. 도미니크회 수사가 대부분이었던 심문관은 가끔 대규모 조사를 벌이기도 했다. 예를 들어 1245년부터 1247년까지 베르나르 드 코Bernard de Caux와 장 드 생 피에르Jean de Saint-Pierre는 로라게 지방에서 대략 2만 5,000명을 심문하는 조사를 실시했다. 이 중 80퍼센트가 자신은 종교적 이단과 어떠한 관계도 없다고 선언했다. 역사학자 로랑 알바레Laurent Albaret에 따르면, 이 조사는 영토를 차지하고 교리를 전파하는 하나의 방식이었다.

조사는 본래 사법에 쓰였지만 행정적 필요에 쓰이기도 했다. 공익의 원칙에 따라, 즉 개인의 이익이 아닌 공동의 재산에 유리하게 통치하기 위해 왕은 일어나는 사건들뿐만 아니라 백성의 의견도 정확히 알 필요가 있었다. 루이 9세는 십자군 원정에서 돌아와 관리(대법관, 지방판관 등)의 비리를 바로잡기 위한 조사를 실시했다. 이 조사에는 두 가지 목적이 있었는데 왕 스스로의 구원을 보장하고 왕의 지배에 대한 백성의 동의를 얻는 것이었다. 조사에는 여러 당사자(조사를 명령하는 왕, 조사를 실시하는 조사관, 조사를 받는 백성, 심의하는 재판관 등)가 개입했으며, 12~13세기 봉건군주국의 중요한 통치 수단이 되었다. 원거리에서 중앙집권적으로 통치하기 위한 시스템을 구축한 것이다.

글의 언어

왕실 공식 언어와 공증된 문서에 사용되는 언어는 라틴어였지만 지방어로도 쓰기 시작했다. 고대 프랑스어로 쓰인 최초의 텍스트는 노래로 불리거나 율독되었던 《롤랑의 노래》 같은 무훈시였다. 이러한 무훈시는 영웅의 모델을 제시했으며, 기사 귀족의 이데올로기를 형성하는 데 기여했다. 한편 피에르 코르네유는 1140년경 카스티야어로 쓰인 《시드의 노래》를 토대로 1637년 그의 가장 유명한 작품 중 하나인 《르 시드》를 썼다. 《윌리엄 마셜 이야기》는 이 영웅이 죽은 후 앵글로 노르망어로 쓰인 시로, 이상적인 기사를 묘사했다.

오크어(랑그도크)를 쓰는 프랑스 남부에서 문학 문화는 트루바두르(루아르 강 이남에서는 '트루베르'라고 부른다)에 의해 전파되었다. 트루바두르는 오늘날 '궁정연애'라고 부르는 시를 발전시켰다. 이 궁정 문학은 플랜태저넷 왕궁뿐만 아니라 루이 7세와 엘리오노르 다키텐의 딸이자 수많은 중세 8음절 단시를 쓴 마리 드 프랑스 Marie de France 덕분에 샹파뉴 백작 궁에서도 큰 성공을 거두었다. 이러한 분위기에서 크레티앵 드 트루아 Chrétien de Troyes가 몬머스의 제프리 Geoffroy de Monmouth가 1130년경 쓴 《브리튼 왕 열전》을 토대로 아서왕과 원탁의 기사 전설을 문학 버전으로 각색했다. 정치적 노래도 점차 중요한 위치를 차지했는데 이는 특히 알비 십자군 이후 두드러졌다.

13세기부터 지방어 사용이 북부 프랑스에서 증서와 계약서까지 확대 적용되었지만 왕실 상서국, 즉 왕실 문서 생성을 담당하는 행정부는 1254년 전까지는 프랑스어를 사용하지 않았다. 행정문서와 종교 문서에 라틴어를 사용한 것을 보면 우리는 당시 글이 어떠한 역할을 했는지 알 수 있다. 중요한 건 텍스트의 실제 내용보다는 문서로써 하나의 사건을 증언하고 기억을 보존하는 것이었다. 성직자와 수도자들이 라틴어로 연대기를 썼다는 사실은 이 문서들의 첫 번째 소명이 대중적 언어로 다시 쓰이거나 읽히는 게 아니라는 점을 증명한다. 라틴어는 무엇보다도 성인에 가까운 높은 지위와 가치를 텍스트에 부여하는 역할을 했다. 수도사들이 쓴 책은 열람 공간이 아니라 보존의 공간인 도서관을 구성하기 위한 것이었다.

동양 학문

사회에 교양 문화가 확산하면서 배우려는 의지가 강해지고 지식을 깊이 파려는 욕구가 생겼다. 11, 12세기 지식의 진원지는 유럽이 아닌 이슬람 세계였다. 이슬람 세계가 지중해 주위에 펼쳐져 있었기에 대부분 고대 지식을 위탁하고 있는 토착민, 즉 유럽인들과 활발한 문화교류가 가능했다.

십자군과 스페인 국토회복전쟁을 겪으면서 서양인들은 도서관을 통해 이슬람 세계의 문화적, 지적 풍요로움을 발견하게 되었다. 1038년부터 1075년

> **라틴어는 무엇보다도 성인에 가까운 높은 지위와 가치를 텍스트에 부여하는 역할을 했다.**

까지 재위했던 칼리프 알마문Al-Mamun이 그리스어 혹은 아랍어로 된 과학 개론서들로 채웠던 톨레도 도서관이 1085년 카스티야의 왕 알폰소 6세의 손으로 넘어갔다. 유럽인들은 이 귀한 참고자료를 번역해 자신들의 것으로 만들려고 했다. 톨레도에 번역가를 위한 학교가 세워졌고, 학교는 빠르게 성장했다. 이 학교에는 정복 이후 남아 있던 유대인과 모자랍(아랍어를 쓰는 기독교인)뿐만 아니라 크레모나의 제라드Gérard de Crémone, 미카엘 스코투스Michel Scot처럼 아랍어를 배운 기독교인들도 있었다.

미카엘 스코투스는 아리스토텔레스에 대한 아베로에스의 주석을 해석했는데, 이는 유럽에 아리스토텔레스주의를 도입하는 역할을 했다. 이러한 아리스토텔레스의 '재발견'은 서양 철학을 뒤흔들었다. 무엇보다도 이 그리스 철학자의 사상으로 인해 이성적 사상이 발전하면서 지식인들은 신앙의 문제와 교회의 '신학적 진리'를 유기적으로 더 단단하게 연결해야 했다. 하지만 아리스토텔레스와 아베로에스를 다루는 저술의 영향력이 커지자 이에 대한 저항이 일어났다. 1277년 파리의 주교 에티엔 탕피에Étienne Tempier는 가톨릭 교리에 위험하다고 판단되는 파리대학 학예학부의 13개 명제를 가르치는 것을 금지했다. 이러한 탄압은 라틴 아베로에스주의라고 부르는 지적 운동에 제동을 걸었다.

귀족과 성인

12세기부터 왕과 왕비, 기사와 성인, 누군가의 용맹함과 찬란함,
또 다른 누군가의 신성함과 현명함은 점점 더 많은 전기에 살을 붙여주었다.
연대기와 궁정 문학 등은 당대 위대한 인물들의 사건과 행위를
상세하게 이야기해준다. 그러나 이 텍스트들에 근거해
수많은 역사적 전설을 만들어낸 미신과 픽션은 주의할 필요가 있다.

귀족과 성인

여왕 전성시대

 남녀 간 불평등이 하나의 통례로 강력하게 자리 잡고 있었지만 12세기 귀족 여성들은 어느 정도의 권력을 누렸다. 귀족 여성 중 다수가 교육을 받아 남편을 보조하거나 물려받은 영토를 직접 통치하는 정치적 역할을 수행할 수 있었던 것이다. 1137년 아버지의 죽음으로 아키텐의 공작부인이 되고, 훗날 프랑스 왕국과 잉글랜드의 여왕이 된 엘레오노르(1122~1204)가 세상을 떠났다. 루이 8세(1187~1226)와 결혼한 그녀의 손녀 블랑슈 드 카스티야(1188~1252)는 1226년 왕이 죽은 후 아들 루이 9세가 성년이 되는 1234년까지 왕국에서 높은 위치를 차지했다.

 그럼에도 불구하고 중세에 여성의 섭정은 당연한 것은 아니었다. 필립 오귀스트가 십자군 원정을 떠나던 1190년 어머니 아델 드 샹파뉴(1140~1206)에게 왕국을 맡겼지만 그의 삼촌과 랭스의 대주교를 후견인으로 함께 붙여두었다. 왕국 재정도 파리 부르주아 6명으로 구성된 의회에 일임했다. 이는 루이 9세가 아내 마르그리트 드 프로방스(1221~1295)와 십자군 원정을 떠났을 때와 대조된다. 루이 9세 역시 그의 어머니에게 섭정을 일임했는데 섭정에 어떠한 제약도 두지 않았다. 블랑슈 드 카스티야는 외교, 군사, 재정, 사법과 관련된 절대 권력을 온전하게 행사했다. 이러한 절대 권력으로 1229년 파리 조약도 협상할 수 있었다.

 역사학자 매리언 페이싱어 Marion Facinger는 11세기와 12세기가 여왕권의 절정기였다고 평가한다. 여

오늘날, 왕국 업무(지방자치 특허장, 종교 기관 설립 등)에 여왕이 구체적으로 참여했음을 증명하는 수많은 왕실 문서와 엘레오노르 다키텐이 발행한 150여 개의 문서, 아델 드 샹파뉴의 손을 거친 110여 개의 문서가 남아 있다. 왕국의 문서를 날인할 수 있는 국새를 손에 쥔 최초의 프랑스 여왕은 루이 6세의 아내 아델라이드 드 모리엔(1100~1154)이었다.

이러한 여성의 독립성은 성직자들이 퍼뜨린 이미지, 즉 여성혐오 흔적과 대조된다. 후에 엘레오노르와 루이 7세의 결혼이 무효임을 정당화하기 위해 엘레오노르가 그녀의 삼촌 툴루즈의 레몽과 불륜을 저질렀다고 고발한 성직자도 있었다. 사실 이혼의 동기는 둘 사이의 의견 불일치, 그리고 엘레오노르가 남자 후손을 출산하지 못한 점이었다. 하지만 교황은 무엇보다도 사촌관계(7촌 이하)를 이혼 사유로 채택했다. 교황 인노첸시오 3세 통치하에서 결혼이 하나의 성사로 제정되면서 결혼 무효 결정을 받아내기가 더욱 어려워졌다. 가장 큰 피해를 입은 사람이 바로 필립 오귀스트인데, 교황은 1193년 끔찍한 초야 후 덴마크의 잉게보르그가 신청한 일방적 이혼 신청을 거부했다. 당시 이 부부 사이에 있었던 사생활을 우리는 알 길이 없다. 한 일화에 따르면 루이 9세는 자신의 방에 불쑥 찾아오시는 어머니의 심기를 건드릴까 봐 밤에 아주 몰래 자신의 아내를 찾아갔다고 한다.

성직자들의 여성혐오는 13세기, 남녀가 기질적으로 불평등하다고 주장하며 여성 추방형을 정당화하는 아리스토텔레스 사상의 보급과 함께 더욱 강화되었다. 같은 시기, 여왕의 권위가 지속적으로 하락하게 되는 전환점을 맞이했다. 여왕은 더 이상 왕의 특권적 파트너로 간주되지 않았고, 이제 여왕의 이름은 왕실 문서와 학위에서 자취를 감추었다. 이러한 여왕의 영향력 실추는 14세기 여성의 왕위 계승을 완전히 차단하는 살리카 법 편찬으로 이어진다.

왕에게는 왕국의 운명을 함께하는 파트너로서 독자적 권력이 있었다. 여왕이라는 직업을 정의하기란 까다롭다. 여왕의 임무는 왕을 위한 후손을 만들어 내는 데 그치지 않았으며, 무엇보다도 자녀들에게 도덕적, 종교적 교육을 시켜야 했다. 블랑슈 드 카스티야는 당시 성직자들에게 칭송받는 모델이었다. 여왕은 위임을 통해 권력을 부여받아 왕권에 참여하는데 이는 공권을 발휘하는 데 있어서 왕을 대리하고 자신의 이름으로 문서를 작성하는 형태로 나타났다.

카페 왕조

카페 왕조는 12세기부터 이후 프랑스 왕국이 될 영토를 정복하기 시작했다. 확장왕 루이 6세(1081~1137)와 연소왕 후에 경건왕이라고 불리는 그의 아들 루이 7세(1120~1180)의 통치 아래 카페 왕조의 실제 권한은 왕령, 즉 북쪽 랑부터 남쪽 부르주까지 펼쳐진 왕실 소유의 땅을 넘지 못했다. 왕들은 프랑스 왕국에 편입된 봉토에 대한 권력을 강화하기 위해서는 강력한 제후들과 맞서야 했다. 필립 오귀스트(1165~1223)와 그의 계승자 사자왕 루이 8세(1187~1226), 성왕 루이 9세(1214~1270)에 가서야 영토 정복을 통해 실질적으로 통치권을 확고히 할 수 있었다. 이러한 재정복의 상징적 사건은 바로 부빈 전투(1214년 7월 27일)였다. 오랫동안 '프랑스를 만든' 날 중 하나로 헌정되어온 이날의 승리에 대한 기억은 전투 자체의 실제 상황보다는 왕국의 선전 덕분이라고 할 수 있다.

'카페 왕조의 기적'은 987년부터 1328년까지 왕위 직계 계승이 끊이지 않고 이어졌다는 사실을 가리킨다. 예를 들어 루이 7세는 아들을 얻기 위해 엘레오노르와 일방적으로 이혼하면서 아키텐 공국을 포기했다. 루이 7세는 45세가 되는 1165년 '신이 내린' 필립이 태어나면서 드디어 아들을 얻게 되었다. 이 아들은 후에 군사 정복으로 제국의 영토를 확장한 로마 황제를 가리키는 '오귀스트'라는 우스꽝스러운 별명을 얻었다(카페 가문의 왕들은 숫자가 아닌 그들의 인격과 통치를 반영한 별명으로 식별된다).

13세기까지 카페 왕조 왕들은 살아생전에 계승자를 왕위에 오르게 했다. 루이 8세는 왕실 자녀들 사이의 상속재산 분할 문제를 해결하는 역할을 하는 이러한 관례를 피한 최초의 왕이었다. 또한 루이 8세는 카롤링거 왕조 출신인 이자벨 드 에노의 아들로서 카페 왕조가 스스로 '샤를마뉴를 계승했다'라고 주장할 수 있게 해준 장본인이었다. 루이 9세는 이러한 영광스러운 뿌리를 더욱 강조하기 위해 생드니 대성당에 안치된 조상의 묘를 재배치했다. 생드니 대성당은 후에 왕실 공동 지하분묘가 되었다.

플랜태저넷 왕조의 시대

12세기 중반부터 플랜태저넷 왕조는 프랑스 왕들의 주요 경쟁 상대였다. 1152년 루이 7세가 엘레오노르와 이혼했다. 엘레오노르는 곧바로 헨리 플랜태저넷(1131~1189)과 결혼했다. 카페 왕조에서 아들을 낳지 않았던 엘레오노르는 영국의 여왕으로서 5명의 자녀를 낳았고 이에 루이 7세는 쓰라린 맛을 봐야 했다. 루이 7세는 계속해서 헨리 2세와 그 아들 사이에 긴장감을 조성했다. 이 가족을 갈기갈기 찢어놓은 분쟁은 멜뤼진과 연관된 숙명으로 여겨졌다. 앙주 공작들에게 저주받은 후손을 안겨준 이 '요정' 이야기를 원용한 것은 이들이 마지막이 아니었다. 플랜태저넷 왕가는 궁정에 여러 유식자들을 들인 것으로 유명했고 자신들의 이데올로기를 위해 아서왕 이야기를 확산하는 데 기여했다.

헨리 2세는 1154년 왕위에 오를 당시 노르망디와 아키텐의 공작이자 앙주와 멘의 백작이었다(헨리 2세는 1166년 브르타뉴를 합병했다). 그가 1189년 세상을 떠난 후 아들 사자심왕 리처드 1세(1157~1199)가 상속재산 분할 과정에서 동생 실지왕 존(1166~1216)을 배제하고 왕위를 이어받았다.

리처드 1세는 왕위에 오르자마자 떠난 십자군 원정에서 국제적 명성을 얻었다. 오스트리아에서 사로잡힌 그는 1193년 어마어마한 몸값을 치른 뒤에야 풀려날 수 있었다. 그가 자리를 비운 사이, 이 공백을 이용하여 실지왕 존과 필립 오귀스트가 권력을 확장했다. 리처드 1세의 귀환은 로빈 후드 이야기로 인기를 얻게 되고, 중세 후기 문학에서 큰 성공을 거두는 주제가 된다.

1199년 리처드 1세가 세상을 떠난 후 존이 왕위에 오르지만 카리스마도 정치적 역량도 턱없이 부족했던 그는 점차 제국의 영토를 잃기 시작했다. 노르망디에 이어 앙주, 푸아투도 잃었는데 부빈 전투에서 패배한 이후 이 손실은 복구 불가능하게 되었다. 1215년 필립 오귀스트의 아들이 존 왕에 대항해 일어난 남작들의 봉기를 이용해 잉글랜드에 상륙하여 왕위를 찬탈하려고 했지만 목적을 달성하지 못했다. 하지만 1216년 존 왕의 죽음은 아직 9세밖에 되지 않은 미래의 헨리 3세 진영에 속한 사람들을 크게 동요시켰다.

루이 9세와 형제들

블랑슈 드 카스티야와 루이 8세 사이에서 태어난 10명의 자녀 중 5명만이 성인이 되었다. 1214년 태어난 셋째 루이는 후대에 성왕이라는 이름으로 남게 되었다. 1297년 8월 25일 그는 죽은 지 30년 만에 카페 왕조에서 최초로 성인이 되었다.

루이 9세의 시성식을 위해 만들어진 이야기는 그의 통치와 관련된 문서에서 큰 부분을 차지한다. 시성식으로 인해 그의 통치는 더욱 비범해 보이게 되었다. 성인 뒤에 있는 한 인간과 왕의 이야기에 더욱 관심을 가져야 하는 이유이기도 하다. 루이 9세는 1226년 9월 29일 랭스에서 대관식을 치렀다.

12세기부터 대관식 후에는 왕이 연주창이라고도 하는, 목 주위 결핵성 경부 임파선염에 손을 대어 치료하는 의식이 이어졌다. 루이 9세가 이러한 의식에 "왕이 너에게 손을 대고, 신이 너를 치유한다"라는 경구를 덧붙였다고 알려졌지만 이러한 경구를 덧붙이는 관습은 16세기나 돼서야 입증되기 시작했다. 초기에 있었던 기적의 차원이 사라져버린 이 전통을 따른 프랑스의 마지막 왕은 샤를 10세였다.

루이 9세 통치의 특징은 군주국의 행정기구(특히 사법 행정기구) 발전을 통해 제후에 맞서 왕권을 표명했다는 것이다. 뱅센 숲의 떡갈나무 아래에서 판결을 내리는 성왕 루이를 나타낸 에피날 판화처럼 루이 9세가 종종 뱅센 성의 뜰에서 떡갈나무에 등을 기대고 백성의 청원을 직접 듣기도 했다. 하지만 군주제를 존중하여 직접 판결을 내리지 않았다는 사실을 기억해둘 필요가 있다. 루이 9세는 사법권을 자신의 첫 번째 의무로 생각한 군주였다. 그의 통치는 위대한 신앙심에 큰 영향을 받았다. 왕은 깊은 신앙심으로 두 번의 십자군 원정을 이끌었고 생트샤펠을 건립하는 동기가 된 예수 관련 성유물을 얻을 수 있었다. 왕국을 개혁하기 위해 착수한 대규모 조사도 자신의 죄를 씻고 영혼을 구하려는 의지와 깊은 연관이 있었다.

루이 9세가 1223년 왕위에 올랐을 때, 그의 세 형제는 왕족령을 하사받았다. 왕족령은 왕의 형제들에게 주는 넓은 봉토를 가리키는데 이를 통해 왕국은 공국으로 나누어졌다. 공국은 비교적 독립적이지만 혈통이 끝날 때 왕령으로 귀속되었다. 로베르(1216~1250)는 아르투아를, 알폰소(1220~1271)는 푸아투를, 샤를(1227~1285)은 앙주를 하사받았다. 왕족령을 하사받은 왕자들은 자신들의 영역을 관리할 의무가 있었고 좀 더 효율적으로 통치하기 위해 다수의 조사를 실시해야 했다.

로베르는 1250년 만수라 전투에서 전사했다. 알폰소는 1249년 툴루즈의 레몽 6세가 죽자 툴루즈의 백작이 되었고 1229년 체결된 파리 조약에 따라 레몽 6세의 딸 잔느와 결혼했다. 샤를은 1246년 (마르그리트 드 프로방스의 언니인) 베아트리스와 결혼한 후 프로방스와 포르칼키에의 백작이 되었다. 샤를은 교황권과 동맹을 맺고 1265년 나폴리와 시칠리아를 점령했으며 1277년 예루살렘의 왕위를 요구했다.

앙주인의 시칠리아 지배로 인해 1282년 3월 31일 '시칠리아 만종'이라고 불리는 반란이 일어났다. 앙주의 샤를(샤를 당주)은 아라곤의 왕 펠리페 3세에게 쫓겨났다.

용맹한 기사

12~13세기의 기사는 전사인 동시에 자신의 영지 가운데에 자리한 성에 살고 있는 영주이기도 했다. 성은 점차 돌로 지어지기 시작했고 영주가 지명을 자신의 성姓으로 쓰는 경향이 있었다. 기사는 또한 명예 규범을 따르는 사람이기도 했다. 12세기에는 기사 집단이 한창 형성되는 중이었고 이들은 자신이 동일시할 수 있는 모델이 필요했다. 교회가 기사 의례를 기독교화하고 기사의 꿈에 정신성을 부여하면서(성배 탐색을 예로 들 수 있다) 기사도 이데올로기를 형성하는 데 한몫하는 가운데, 평신도들 또한 기사를 영웅화하는 데 결정적 역할을 했다. 이러한 평신도의 예로 크레티앵 드 트루아와 존 어얼리 Jean d'Early를 들 수 있다.

1220년대에 보잘것없는 가문에서 태어난 존 어얼리는 플랜태저넷 가문으로 들어가 잉글랜드 최고의 남작이 된 기사의 삶을 이상화하여 이야기하는 약 2만 행으로 구성된 《윌리엄 마셜 이야기》를 썼다. 잉글랜드의 왕은 이 기사의 충성스러운 섬김에 대한 보상으로 잉글랜드에서 가장 좋은 혼처를 마련해주었는데 바로 펨브룩 백작의 외동딸이었다. 그 자신도 왕-기사의 모델이었던 사자심왕 리처드 1세의 동료였던 윌리엄 마셜은 실지왕 존이 죽은 뒤 잉글랜드 제후들에게 섭정으로 선택되어 헨리 3세가 성인이 될 때까지 섭정을 하기도 했다. 그는 미래의 루이 8세가 이끄는 프랑스군의 침략으로부터 왕국을 지켰다. 1219년 윌리엄 마셜의 죽음이 전해지자 필립 오귀스트와 그의 제후들은 그를 '최고의 기사'라고 선언했다. 이러한 찬양의 근원지는 바로 그의 장남이었으니 두말할 것도 없이 기사의 진정한 덕보다는 기사도적 이상에 대해 더 많이 언급하고 있다.

당시의 수많은 기사와 마찬가지로 윌리엄 마셜도 주저하지 않고 폭력을 이용했다. 기사는 적과 싸우고 전투를 벌이면서 자신의 사회적 지위를 표명하고 자신의 명예나 명성을 지킬 수 있었다. 따라서 폭력은 그 자체로 비난받아 마땅한 것으로 간주할 수는 없었지만 엄중하게 관리되고 체계화되었다.

토너먼트나 전투에서 기사들이 죽는 일은 드물었다. 상대방을 죽이기보다 몸값을 받기 위해 생포하는 편을 더 선호했을 뿐만 아니라 기사도 윤리가 예전 전우 혹은 가족이었던 상대에 대한 아량과 관용이라는 가치에 근거했기 때문이다. 이런 상황에서 1218년 툴루즈 공략 당시 동생을 구하러 가다 투석기로 날린 돌에 깔려 숨진 시몽 드 몽포르의 죽음은 비극적 소식이었다.

1188년 무렵 일드프랑스의 권세 있는 남작 가문에서 태어난 이 기사의 이력은 화려한 만큼 초고속이었다. 1190년에 이어 1204년 십자군 원정을 떠난 몽포르는 그곳에서 콘스탄티노플을 약탈하는 자들과 결별하고 1209년에는 알비교도를 상대로 한 십자군 원정을 떠났다. 몽포르는 자신의 승리, 특히 툴루즈 백작에 동조하는 남작들의 동맹에 맞서 벌어진 1213년 9월 12일 뮈레 전투에서 승리하면서 거의 독립 국가와 마찬가지인 십자군 공국을 세울 수 있었다. 그가 죽은 뒤 성직자들은 그를 이단에 맞서다 순교한 예수 그리스도의 이상적인 기사라고 찬양했다. 반면 몽포르의 반대파가 서면으로 남긴 그의 행적에 따르면 그는 협잡꾼에다 폭력적이고 탐욕스러우며 양심의 가책이라고는 전혀 느끼지 않는 사람이었다고 한다.

귀족과 성인

165

성인은 어느 곳에나

12세기까지 주교는 훌륭한 삶을 살았다고 판단하는 사람들을 비교적 쉽게 성인품에 올렸다. 많은 경우, 누군가 주교에게 성인의 유물(뼈, 직물, 머리카락 등)이 일으킨 기적을 보고하기만 하면 되었다. 보고된 성유물은 법랑이나 보석으로 장식된 상자(성유물함)에 담겨 성당의 지하 예배당에 안치되었다. 성인의 명성과 기적을 행하는 능력은 숭배와 찬양을 불러일으키기 때문에 성유물이 안치된 성당에는 곧 수많은 순례자가 다녀갔다.

1170년부터 교황권은 성인 만들기에 대한 교황권의 독점을 표명하고 이를 재정비하려고 했다. 이때부터는 성인이 되려면 로마에서 공판을 거쳐야만 했다. 베르나르 드 클레르보는 이러한 방식으로 1174년 성인이 되었다. 1090년경 부르고뉴의 중위 귀족 가문에서 태어난 베르나르는 1112년 시토 수도회에 들어갔고 그곳에서 더욱 엄격한 고행이라는 이상을 추구하는 개혁을 단행했다. 1115년 베르나르는 클레르보 수도원에 정착한 수도사와 평수도사(수도사를 위해 일하는 평신도) 공동체장을 맡았다. 이때부터 베르나르는 기부금과 부의 집중으로 부패해버렸다고 비판하던 클뤼니 수도회에 맞서 시토 수도회를 수호하기 시작했다. 베르나르는 클뤼니 수도회가 정제되지 않고 사치스럽게 장식되었으며, 수도사들은 수도사 침묵을 지키지 않고 노동보다 무위를 좋아한다고 통탄했다. 얻기 어렵기 때문에 귀했던 검은색 수도복을 입었던 클뤼니회 수도사와 달리 시토회 수도사들은 염색이 간단한 하얀색 수도복을 입었다. 베르나르 드 클레르보는 1129년 트루아 공의회에서 템플기사단의 지위가 인정받도록 주도했고 1146년 베즐레에서 제2차 십자군 원정을 장려하는 설교를 했으며 당시 맹위를 떨치던 반유대주의 퇴치를 위해 힘썼다. 그의 막대한 지적, 영적 영향력은 시토회가 유럽 전역에 전파되는 데 크게 기여했다.

교회가 아시시의 프란체스코(선종 2년 후, 1226년 성인품에 오름)나 도미니크(선종 13년 후, 1221년 성인품에 오름), 토마스 아퀴나스(선종 50년 후, 1274년 성인품에 오름)와 같은 종교인을 시성하는 데는 별다른

어려움이 없었지만 유명 인사를 포함한 평신도의 경우는 달랐다. 한 예로, 카페 왕조는 필립 오귀스트를 성인품에 올리는 데 실패했다. 술고래이자 대식가였으며, 화가 나면 참지 못하는 성격의 필립 오귀스트는 교황권이 사회에 강요하고 싶었던 모델과 일치하지 않았다. 하지만 카페 왕조는 루이 9세의 시성식에 있어서는 요구를 관철할 수 있었다. 죽은 루이 9세의 훌륭한 평판을 증언하는 증인을 상대로 한 조사와 성인전기(열전, 영웅전이라고 한다) 수집이 실시된 후, 1297년 왕은 성인품에 올랐다. 이 성인품은 신성함에 관한 문헌을 채우고 있는 루이 9세의 수많은 사후 기적보다는 그가 교황이 장려하려고 하는 경건함의 이상에 일치했던 덕분에 성사되었다. 성인전과 민족소설 덕분에 성왕 루이는 군주국과 교회의 결합, 근대 국가의 비약적 발전을 이상적으로 구현하면서 오랫동안 국민들의 상상 속에서 좋은 기억으로 남아 있었다. 근대 국가의 비약적 발전에는 식민주의 버전의 근대 국가도 포함되는데, 실제로 성왕 루이에 대한 기억은 희매해지고 있지만 여전히 프랑스 전역과 옛 프랑스 식민지에 그의 이름이 지명으로 남아 있다. 이는 아프리카에 정착하여 몇 세기에 걸쳐 '프랑스의 영광'을 지키려는 자들이 1270년 카르타고에서 선종한 성왕 루이를 자신들의 것으로 가로채려고 시도했다는 사실을 잘 보여준다.